めんどうくさがりやのあなたが

気持ちよく暮らす ゆる家事のコツ

はじめに

「片づけも料理も苦手でした」

スタイリストの私が
「実は片づけも料理も苦手で……」
と話すと、みなさん口を揃えて
「信じられない！」と言います。
でも、本当です。

一人暮らしのときは
遊びに来た友達が、部屋を見て
「うわっ」と叫んでたじろぎ
びっくりされることなんて
しょっちゅう。

「片づけなさい」と言われても
「散らかってるかな？」という感じで
のんきに気にも留めませんでした。
料理だって結婚するまで
ほとんど作ったことがないような有様。

ゆる家事とは……

ムダを減らすことで
ふだんの家事が
いつもより、ちょっとラクに
少し楽しくなる家事のことです。

ゆる家事をはじめると
家事の効率がぐんとよくなり、
上手に手を抜けるようになります。

完璧を目指さない気楽な方法なので
忙しい人や家事嫌いの人でも大丈夫。
今すぐに、はじめられます！

そんな私が、必要にせまられて、
試行錯誤を繰り返すうちに、
たどり着いたのが
家事をラクにするアイデア「ゆる家事」。

この本には、
片づけも料理も苦手だった
めんどうくさがりの私だからこそ
気づけた家事のコツと

家事嫌いでも
気持ちよく暮らせる工夫が
たくさん詰まっています。

みなさんにも、ぜひ
ゆる家事のある生活を
楽しんでいただければ幸いです。

もくじ

暮らしを楽しくする言葉あれこれ

まっ、いっか

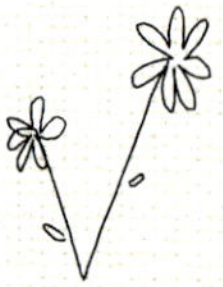

家事はやってもやってもきりがありません。掃除をしたそばからどんどん汚れていきます。だから、心の中で「まっ、いっか」とつぶやいて、自分のハードルをうんと下げるわけです。

　そうすると多少部屋が散らかっていても、床にホコリがフワリフワリ浮いていても、家族が健康で元気なら「まっ、いっか」と思えてきます。

　生活しているのだから、髪も抜ければ、汗もかき、トイレに行くのが当たり前。人は生まれながらにして、家を汚すようにできているんですもの、それに抗ってもしょうがないですからね。

　家事のことでイライラするより、多少家事が行き届かなくても「わっはっは」と笑いながら暮らしたいと思っています。

5分だけ頑張ろう 15分だけ頑張ろう

子どもは2人、元気な息子とおしゃまな娘がいます。子どもがまだ一人だったときは、仕事で疲れた日の夕ごはんは外食やお総菜が中心でした。

　でも、子どもが増えて4人分の外食代となるとけっこうな出費。外食ばかりもしていられません。

　そこで思いついたのが時間制限です。簡単なおかずを1品作る時間はだいたい15分。「よし、15分だけ頑張ろう」と自分を励ましながら、いざ調理開始。

　すると、不思議なもので、時間を区切ると疲れていても頑張りがきくんですね。それを機に、疲れたときは頑張る時間を区切るようにしました。

　とはいえ、集中できるのはせいぜい5分～15分。残った家事は「まっ、いっか」とつぶやいて翌日にまわします。家事では無理をしないことも大切です。

どうすれば ラクになるかなあ

ラクになる方法を考え続けていると、「こうすればいいんだ！」と気づくことがあります。試行錯誤の末にたどり着いた〝気づき〟は実にうれしいものです。

例えば結婚当初、毎朝夫が物を探して「あれはどこ？」と、よく私に聞きました。そのたびに私が探してきて「はい」と夫に渡すのですが、内心『どうしてこんなに聞くのかな？』と不思議でした。

ところが、なんと原因は私！　当時の私は使ったものを気ままにおいて、元の場所に戻すということを全くしなかったんですね。これでは夫も困るわけです。

物の場所を聞かれて取ってきて……と、めんどうになるのは結局私自身。その後、すぐに物の指定席を決めたことで、朝の支度がずいぶんとラクになりました。

今は私や夫だけでなく、家族全員にとってラクな暮らしを日々模索しています。

週末にやろう

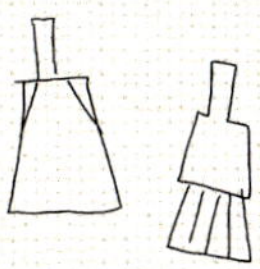

仕事が忙しくなると家事まで手が回らず、掃除や洗濯物がたまってきます。

そんなときは「週末にまとめてやろう」と発想をチェンジ。そうすると気持ちがラクになり、平日に部屋が散らかっていても、洗濯物がたまっていても、それらを大目に見ることができます。

子どもが生まれて、まだゆる家事も上手くできなかった頃は、毎週末が大忙し。掃除と洗濯だけで一日が終わることもよくありました。どこにも出かけられず『何のための休日？』と泣きたくなることも。

今はゆる家事のおかげで家事自体がラクになったので、週末にまとめて家事をすると言っても2〜3時間ほどで終了。ゆる家事の力は偉大なのです。

楽しんじゃおう

今でも片づけや掃除は、あまり得意ではありません。でも、どうせやるなら、楽しんだほうがいいと思っています。

苦手なことをするときにおすすめなのが楽しいイメージを膨らませること。

例えば、散らかった部屋を片づけるときは、きれいな部屋は好きなので「ここがきれいに片づいたら気持ちがいいなあ」、トイレ掃除をするときは「この汚れが落ちたらピカピカ。すがすがしい！」と掃除をした後のハッピーな気分を強くイメージするんです。

そうすると調子が出てきて、テンションもアップ。やる気もわいてきます。

本当は誰かが「すごいね」「ピカピカだね」と毎日褒めてくれるといいのですが、それを望むのはちょっと無理があるので、自分で自分を励ましながら、家事を楽しむようにしています。

完璧を目指さなくて大丈夫

家事をするときは完璧を目指しません。１００点満点の家事があるとすれば、家での私は、５０点とれれば合格点の楽天家です。

　どうしてかというと、家では家事で失敗しても誰も困らないし（家族は困るかもしれないけど）、家族の応援も得られるので、私が５０点を目指すくらいで、ちょうどいいからです。

　それに、家事で完璧を目指すと、どうしても、家族にいらだったり、怒ったりすることが出てきます。

　家は家族がくつろぐ場所。そうなってしまうのは本末転倒なので、自分も家族も笑って暮らせるように、家事への目標は低く設定するほうがいいのです。

　以前は自宅が事務所を兼ねていたので、「仕事の顔」と「家の顔」の切り替えに戸惑うことがよくありました。

　でも、今は青山の事務所から千葉の自宅に移動しているうちに、いつのまにか気持ちが切り替わるように。

　ふたつの顔を思い切り楽しめるのも、幸せなことだなと思っています。

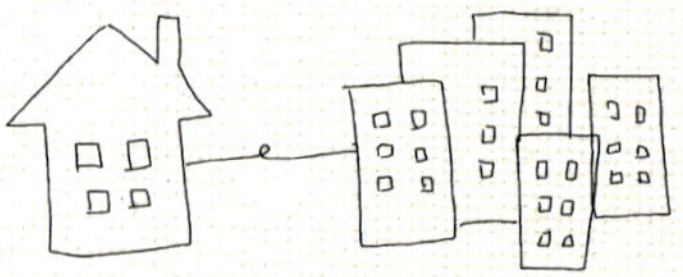

何も したくないときは しない

人生には気力がわかない日もあれば、風邪でどうしても動けない日もあります。

　私も「５分だけ頑張ろう」さえできない日は、潔くギブアップ。子どもと一緒にファミレスでごはんを済ませたら、その後はぐうたら母ちゃんに変身です。

　頑張れないのだから、しかたありませんよね。

　もし、掃除ができなくて、子どもが「お母さん、ここ汚れてるよ」と言ったら、「じゃあ、お掃除お願いできる？」と頼んでしまいます。

　そうすると、たいていは、そこでお互いに「じゃあ、まっ、いっか」となって問題なしに。何もしたくない日は何もしないに限ります。

優先順位をつけよう

昼間は仕事で家を離れているので、家事はもっぱら朝と夜。どちらも時間との勝負です。

そこで、朝は起きたときに、夜は玄関の前で、これからすることを頭の中で、ざっとリストアップします。ポイントは「最初にお風呂にお湯をはるでしょ。それから炊飯器のスイッチを入れて、洗濯物を取り込んで……」と優先順位をつけながら、頭の中でイメージすること。

たったこれだけのことですが、短時間にいろんなことが段取りよくできるようになります。やることが多くて大変という人は、ぜひ一度お試しを！

家の中に自分だけのパワースポットを作る

子ども部屋やベッドルームは、それほど長い時間を過ごさないので、掃除はほどほどでＯＫ。戸棚や納戸の中もずっと目にするわけではないので、そこそこ整理されていれば合格です。

逆に、私が長い時間を過ごすキッチンやリビングは、夜寝る前に「5分だけ頑張ろう」をして、きれいにしてから就寝。朝一番に、整頓されたこの場所を眺めると「よ~し、今日も一日頑張るぞ！」と前向きな気持ちになれます。

家の中にいつでも元気のスイッチを入れられる、自分だけのパワースポットがあるって、とても大切です。

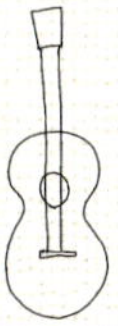

家事はこっそりやらない

家族にしてほしい家事は、素直にどんどん伝えるようにしています。例えば、天井の梁の上のホコリ取りは、サーフボードを運び出すついでに夫が担当。洗った洗濯物は一人一人のかごに入れて、あとは各自で片づけてもらいます。

自分だけが家事に奮闘しても、家族がそれに気づかず「ん？」って感じだと、がっかりしますよね。「どうして私だけが忙しいの！」と腹立だしくなります。

そういう気持ちになりたくないので、家事はこっそりやりません。ゴミをまとめるのも、床を拭くのも家族の前で。

そうすることで、さりげなく家事の仕方と私の奮闘を家族に伝えることができ、自然と家族で家事を分担できるようになります。

Part.1

ちょっとしたアイデアで使い方が広がる市販のアイテム

空き瓶や包み紙など、実用品なのにかわいい物は、捨てずにとっておきます。

もちろん、何かを入れたり、包んだり、以前と同じ用途で再利用するのもアリ。でも、もうひと工夫して、ジャムの空き瓶なら「砂を詰めたらキャンドルスタンドになるかも!」、チーズ屋さんの包み紙なら「野菜室の汚れ防止シートになるかも!」と発想を転換。以前の用途とは違う形で活用できないか試してみるんです。

それが様になったときのうれしさったら! 遊びに来た人に褒められると、これがまたうれしくて。

アイデアの源はインテリアの洋書や雑貨屋さん。本は時間を見つけて、お気に入りの本屋さんのインテリアコーナーをチェック。雑貨屋さんはプライベートでも足を運んで、新鮮なディスプレイを楽しみます。

気に入ったものは、生活の中で使いながら眺めていたいので、家の中には、こんな風にしてアレンジしたものがいっぱい。ほんの一部ですがご紹介しますね。

かご Basket

機能的なのに暖かみがあるかごは
お気に入りのアイテムのひとつ。
値の張るものはないけれど、
「素敵！」と一目惚れしたものが多いです。

A 表参道の鞄屋さんのセールで1000円くらいだったかな。ワックスペーパーを敷いて野菜入れとして使っています。B 微妙な黄緑色がかわいいでしょ。キッチンクロスや、冷蔵庫の上の小物入れとして優秀です。吉祥寺のアンティークショップ「Jubilee Market」で購入。C 夫と子どもたちのパジャマ入れ。仕事で雑貨屋さんをまわっているときに見つけたかごで、ユニークな持ち手に一目惚れして衝動買いした一品。Dネットショップ「dear Morocco」で購入したマルシェかご。リビングで散らかりがちな雑誌や子どもたちのおもちゃの一時収納にぴったり。E洗った洗濯物を入れるかごを探していて、ちょうどいいのを雑貨ショップ「ファーマーズテーブル」で発見！ 家族がひと目で自分のだとわかるように、持ち手部分にはそれぞれ別の布を巻き付けています。

お気に入りの物を入れ続けてきた思い出のトランク型のかご

G 小学生のときに地元（北海道）の雑貨屋さんで買った思い出のトランク型のかご。ずっと「お気に入りの物入れ」として使ってきて、今は好きな布をしまっています。

ドアホンの目隠しにも

F 木の壁につけたドアホンが妙に目立ち、100円ショップのかごをかけたらこれがぴったり！ナチュラルな印象に。

日傘にクロスステッチ

よ～く見ないとわからないけれど、日傘のまわりにぐるりとクロスステッチを施しています。さすたびに「かわいい！」と、うれしくなります。

刺繍 Embroidery

クロスステッチなどの
簡単でシンプルな刺繍をするだけで、
市販のアイテムが自分仕様に。
私自身が使うたびに楽しくなりたくて、針を動かしています。

大小の丸い模様を
適当にちりばめただけ

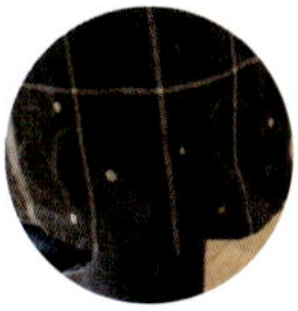

A「ＩＫＥＡ」で買ったソムリエエプロンに、サテンステッチで雪をイメージした大小の丸い模様を刺繍。遊び心をプラスすると料理も楽しくなります。B布テープにバックステッチで数字や模様を刺繍すると、あっという間に手作りタグのできあがり。モノトーンのシンプルなＴシャツも、裾にちょこんとつけるだけで、かわいさがぐんとアップします。C真っ白な上履きの上面には、フレンチナットステッチで水玉模様を刺繍。丸く玉どめする要領でＯＫ。かかとにもタグをつけてかわいく。Dリネンのハンカチの端はボタンホールステッチでぐるりと縁取り。角に施したレゼーデージーステッチの小さな花の刺繍がポイント。花は輪をひとつ作って端をとめ、それを５つ作ればできあがり。

B A

空き箱 Empty box

空き箱だって、布や紙を貼ったり
スタンプを押したりするうちに、
心ひかれるアイテムに早変わり。少しくらい
シワができても、スタンプがずれても大丈夫。
それがいい味わいになります。

A 手前は小学校の家庭科の時間に使っていたお裁縫箱。使い勝手がいいので現役で活躍。表面がだいぶ傷んできたので好きな布を貼りました。奥はおそろいの布を貼ったアルミの箱。端切れのストックに。B 空き箱にかわいい紙を貼ったものをいくつか用意しています。遊びに来た友達が帰るときに、お茶菓子をこれに入れて渡すと、ちょっといいお土産に。

D

C

立てて使えば調味料入れにも

手持ちの箱を立ててみたら調味料の瓶の収納ケースにぴったり！ 箱は立てて使うのも手。

Cグリーティングカードは、好きな布を貼った“専用の箱”にストック。お礼状を書きたいときにささっと選べて便利です。Dこちらは実は請求書入れ。すぐには処分できないので、一定期間保管しています。箱の底の部分に持ち手用テープを付けたので出し入れもラク。ラベルケースには、レース柄のスタンプを押したカードを入れておしゃれに。

リース Wreath

リースは豪華に花などが盛られたものだと
部屋の中でそこだけ浮いてしまうことも。
身の回りにある素材で作る
ナチュラルなものなら、
そのときの気分でアレンジできます。

ワインクーラーとコラボ

グリーンの葉を巻いたリースは、ワインクーラーの下に置くととても涼しげ。壁にかけるだけじゃなく、こんな使い方もおすすめです。

この木から
リースができる！

リースは部屋の
観葉植物を
剪定したときに出る
枝を使っています。

寒い季節はやわらかい毛糸を巻いてほっこりとした表情に。

青々しいオリーブの葉を巻いたリースは夏の部屋と好相性。

あじさいの色違い。素朴だけれど、ちょっと甘い雰囲気に。

あじさいのプリザーブドフラワーを使って。淡い色合いが素敵。

ローズマリーを巻くと部屋中にさわやかな香りが広がります。

B 毛糸で編んだオーナメントを飾って。お茶をしながら眺めていると、ゆったりとした気分になります。

A レースペーパーと雑誌の切り抜き、好きな包装紙をコラージュ。何を組み合わせるかを考えるのも楽しい時間。

B

A

額縁 Picture frame

フレームは写真以外のものを入れて
インテリアにすることも多いアイテム。
紙だけじゃなく立体的なモチーフも飾ります。

移動自由なミニ黒板

フレームの板に黒板用のスプレーを吹きかければ、メッセージボードのできあがり。家族への伝言や自分用のメモに。『黒板用スプレー』はホームセンターなどで購入できます。

空き瓶 Empty bottle

薬やジャムなどの瓶で形が気に入ったものは
捨てずにとっておきます。月日がたって
少しくもった瓶も、かえって味が出ます。

B

A

D

C

A 空き瓶に書いたのはでたらめの外国語。白いペイントマーカーをはしらせるだけで、カフェの小物みたいなかわいらしさに。B 100円ショップで買った砂を空き瓶に詰めただけのキャンドルホルダー。細いキャンドルでも砂がしっかり支えてくれます。C 麻ひもを使うたびにコロコロと転がるのが悩ましくて考えたのがこれ。スタンプを押したオーブンペーパーのふたがポイント。D ガラスの瓶に入れておけば、ほしいボタンや刺繍糸がすぐに見つかるので便利。インテリアとして飾ってもきれいです。

A 裏が白いカレンダーやカタログは使い終わったらメモ帳に。穴を開けてリングを通し、お揃いの表紙をつけています。これはお気に入りのキャニスター（ふたつきの容器）の包装紙です。B 紙の箱は生ゴミを入れるのにとっても便利。チラシで作ると生活感がでるので、きれいな包装紙で作るのが小さなこだわり。C 紙袋にレースモチーフを貼ったり、おもちゃのチケットをつけたりすると少しだけ“特別”な感じに。ちょっとした贈り物をするときに使っています。

Beautiful wrapping paper & Paper bag

きれいな包装紙&紙袋

メモや使い捨てのゴミ箱などのアイテムは
見栄えのする包装紙や紙袋を使うことで
最後の最後まで楽しく使えます。

チーズ屋さんの包み紙を野菜室の汚れ防止シートに

冷蔵庫の野菜室は包装紙を敷いてカラフルに。見た目もかわいいし、湿気や汚れも適度にとってくれます。

A

B

C

花が散りかけたら
花びらだけを飾る手も

立ち上がりのあるスープ皿に水をはりトルコキキョウの花びらを浮かべました。これなら散りかけた花も最後まで楽しめます。

A ココットに剣山を入れ、あじさいとバラを生けました。あじさいなどの茎の太い花は剣山に挿すだけで簡単に安定。隙間を埋めるようにバラを生ければ完成です。B コーヒーカップに水を含ませたフラワーアレンジ用の吸水性スポンジを入れ、そこにルリタマアザミとプミラ、グリーンを生けました。吸水性スポンジを使うと、少ない花でもバランスを整えやすくなります。

White dishes

白い器

白くて小さな器は
花瓶代わりによく使います。
部屋がパッと明るくなるし、
少ない花でも
かわいく生けられます。

B

A

Part.2

めんどうくさがりの私だからこそ気づけたゆる家事のコツ

子どもが生まれてからは、平日にためた家事のために、毎週末が大掃除。それに加えて、物を探す機会が多かったり、急な来客があるとあわててしまったり。

生活するだけなのになんだかすごく疲れる。この暮らしにくさは何なんだろう……。そう思うようになってから、自分なりに工夫するようになりました。

あるとき、家の中で長く過ごすキッチンとリビングだけ「週末の大掃除」から「毎日のちょこちょこ掃除」に変えてみたところ、体力的にもメンタル的にもすごくラクなことを発見！

しかも、いつも部屋がほどほどにきれいなので、急な来客もどんと来い。探し物も、物に「指定席」を作ることで激減したのです。

よく考えたら、家事に育児、仕事もあるのだから、一人暮らしの要領で暮らしていたら、時間が足りなくなって当然。その点、何かのついでに片づけや掃除をする『ゆる家事』なら、時間や気持ちに余裕が生まれ、家事にも前向きになれる、というわけです。

扉の目隠しで
スッキリをキープ

棚やかごの中が多少ごちゃついていても、外はスッキリをキープ。写真は物を全部しまったところ。ふだんはもうちょっと散らかっています。

ダイレクトメールはかわいい箱に一時保管。すぐに捨てられないものは一定期間おいてからまとめて処分しています。悩む時間が短縮できていいですよ。

片づけ

リビング Living

家族がくつろぐ場所なので、
どうしても物が散らかりがち。
だから、いろんな物がすぐにしまえて、かつ
しまった物が外から見えないように、
棚は扉や布で目隠しを。こうすれば、
〝いいかげんに〟片づけても、きれいに見えます。

エコバッグを活用

（手前）図書館で借りた本はエコバッグの中に。図書館に返すときはこのバッグをそのまま持ち出せばいいので便利です。（奥）子どものおもちゃもエコバッグに。大きさの違うおもちゃもパパッとひとまとめにできます。

見た目はスッキリ
中はざっくり収納

A 扉の中は収納ケースをお揃いにするとスッキリ見えます。几帳面な印象がするけれど、収納ケースの中はいいかげんでＯＫ。ここには、仕事をした本や雑誌を収納しています。
B あっちこっちに散らばりがちな夫の持ち物は、専用のかごに。これで朝の「ママ、あれどこ?」と忘れ物の心配がなくなりました。

中はこんな感じ。取り出しやすいです。

来客用のカトラリーはすぐに取り出せるように、かごにひとまとめにして食器棚に収納。急な来客でもあわてません。

片づけ

ダイニング Dining

ベランダ、リビング、バスルーム、
アトリエルームと４つの場所のちょうど真ん中に
位置するのがこのダイニング。
人の出入りが多いので、
一番スッキリさせたい場所です。

テーブルの上は何も置かないだけで、多目的に使えます

ダイニングテーブルでは、書き物をしたり、花を生けたりします。いろんなことに使えるように、食事以外の時間はテーブルの上に何も置きません。

A

B

C

飾るスペースは一か所に集中させて

グリーンや小物を飾るのはキッチンカウンターの周りだけ。そう決めているので、スッキリを保てます。

ティーセットはトレーでひとまとめに

ティーセットはキッチンカウンターの棚で見せる収納。黄色のコーヒーポットは、近所のリサイクルショップで購入。300円ほどでした。たま〜に掘り出し物に出会えるので、リサイクルショップ通いは止められません。出費も抑えられますしね。

Aカウンター下の食器棚。食器の量はこの中に入る分だけと決めています。B形が不揃いでかさばるものはバスケットに入れて隠す収納に。C ドライフルーツや子どものお菓子は色や形がかわいいのでキャニスターに入れて見せる収納にしています。

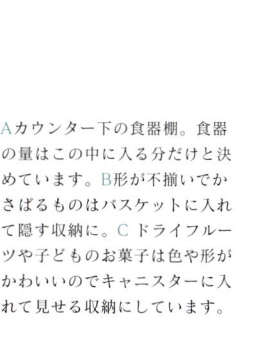

使い勝手のいいものがあれば
調理道具はたくさんいりません

鍋や道具は棚に入るだけしか持ちません。新し物好きの私としてはいろいろ試したいので悩ましいところ。でも使い勝手のいい道具があれば、けっこういろいろできるんですよね。

片づけ

キッチン Kitchen

調理台の上に物があふれていると
料理がしにくいのはもちろん
何よりやる気がダウン。
だから、料理で使う物は最小限。
これなら管理がラクです。

リビングから見ると……ほら見えない！
でもキッチンではプリントがバッチリ

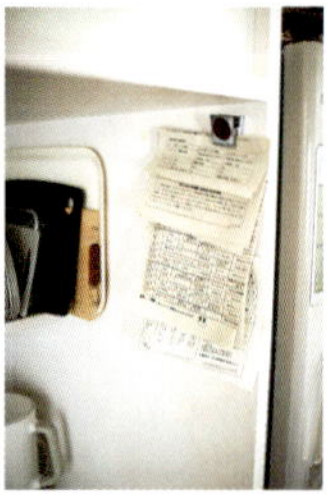

行事の予定や持ち物などが書かれている子どもの学校のプリント。かさばるけれど、しまうわけにもいかず……。試行錯誤の末、磁石つきのクリップで挟んでリビングから死角にあたるこの場所に貼ることに。キッチンではよく目に付くので、“うっかり”を防げます。

A お米やパスタ類はキャニスターに入れて見せる収納に。残りの量も一目瞭然！ B 家族用のお箸やカトラリーは仕切りトレーを入れた木の引き出しに。家族しか見ないのでざっくり収納でＯＫ。C レードル類は、調理中にさっと取り出して使いたいので立てて収納。大きめの取っ手つきピッチャーの中へ。ふだんは調理台の後ろの棚に置いて、使うときだけ調理台の上に出します。D じゃがいもや玉ねぎなど常温保存ができる野菜はバスケットに入れて見せる収納に。吊るしているので通気性もGOOD。E クッキーの型などこまごましたものは、中身がわかる半透明の保存容器に入れて棚の中に収納しています。

片づけ

Bath/Lavatory/Restroom

バスルーム・洗面所・トイレ

バスルームは掃除がめんどうになるアイテムを
極力減らしました。洗面所とトイレは、ディスプレイ用の
小物だけを置き、生活感のあるものは、
棚の中に収納しているので、急な来客でもあわてません。

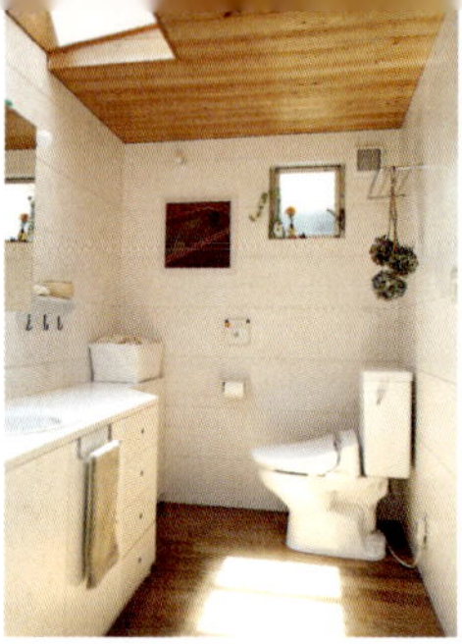

トイレ掃除の洗剤やトイレットペーパーは棚の中に収納。バスタオルは左の白いかごの中に。

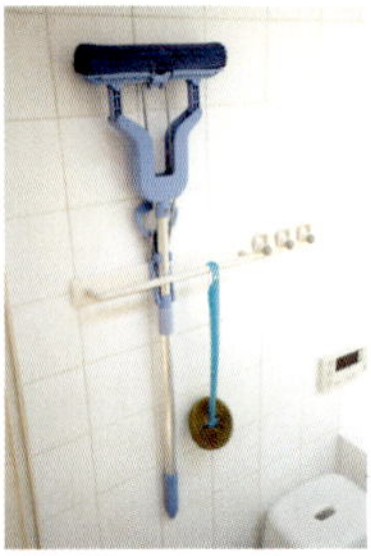

掃除用のモップとブラシはタオルハンガーにひっかけて収納。水切りもバッチリできます。

掃除が必要なアイテムはなしにしてもOK

掃除がめんどうになりそうな洗面器やイス、お風呂のふたはなしに。「置かなければいけない」という先入観を捨てることも大切です。シャンプーボトルも白いもので統一しています。浴槽だけのシンプルなバスルームですが、家族で順番にまとめて入ればお湯は冷めません。

ユーティリティ

A 使いたいときにすぐに使えて、電気代もかからないので掃除の基本はほうきです。見た目もかわいいほうきは、すぐ使える場所にひっかけて見せる収納にしています。B 洗濯ばさみは洗濯機のすぐそばに、手作りのかごに入れて吊るして収納。持ち手を両方ひっかければ中身を隠せます。C 名刺入れの引き出し。この深さが名刺の大きさにぴったりで、引き出しだけ色を白く塗り直して長く使っています。D 仕事で使用中のものはこのワイン箱に。キャスターをつけたので重い物を入れてもラクに移動できて便利です。

洗面台の上は掃除がしやすいように、お気に入りのキャンドルや小物を少しだけディスプレイしています。洗面台の下はＡ４サイズの布の箱にそれぞれ、夫の散髪セット（夫は自分で髪を切ります）、来客用のアメニティグッズ、洗剤のストックなどをざっくりと収納しています。

洗面台の下は
収納ケースでざっくり収納

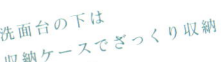

片づけ

クローゼット＆納戸 Closet & Store room

服をできるだけたくさん、でもスッキリ収納したいので
たたみ方を統一したり、ハンガーを揃えたり。服の一部が
見える場所にあれば、しまった服が迷子になることはありません。

「ひと目でわかる」が使いやすい

A身支度をスピーディーに済ませるため、アクセサリーはハンガーに吊り下げて収納。こうしておけば何がどこにあるのかがひと目でわかります。Bハンガーはスリムタイプにするだけで収納量がアップ。ハンガーはネットショップ「ドリームストア」で購入しました。C服はシワにならないようにクルクルと巻いて収納。衣類の一部を上面に出してしまうのがポイント。旅行のときも使えるテクニックです。Dこちらは納戸の中。かごの中の大量のミネラルウォーターはアウトドア好きの夫と、サッカーに夢中の息子用。使わないキャニスターはここでスタンバイさせています。キャスターつきのワゴンを使えば、重い物を乗せてもラクに移動でき、奥の物も出し入れ自由です。

B

C

A

片づけ

子ども部屋 Kid's room

子ども部屋の収納は
子どもが自分でラクに片づけられることが最優先。
ざっくりした収納ができるように
引き出しやかごを使って工夫しています。

A この棚は前に住んでいたマンションで食器棚として使っていたもの。中の棚板を動かせば本も箱もたっぷり入るので重宝しています。B 大きな引き出しがついている棚なら、子どもが自分で片づけて（投げ込んで？）くれるので助かります。C ゲームソフトなどの色が強いものはかごに入れて隠す収納に。ごちゃつくおもちゃも同様にかごへ。

思い出はデータで残せばスッキリ

子どもの作品や作文はたまる一方。そこで３年以上保管したら、気に入ったもの以外はデジカメで撮影して処分するというルールを作りました。

片づけ

玄関 Entrance

家の顔といわれる玄関はまず最初に目に入る場所。
ドアを開けたときに奥までちゃんと見渡せ
スッキリしていると気分がいいので、
できるだけ物は置きません。お客さまはもちろん、
家族にとっても気持ちのいい空間に
なるようにしています。

玄関の床は形がユニーク。ぽこんと出ている丸い部分は腰をかけるのにちょうどよし。来た人にもwelcomeな印象を与えるみたい。正面の白い壁は靴箱です。

物は置かず最小限に

A 玄関に雑多に靴が並んでいるのは見た目にNG。玄関に出していい靴は一人1足までと決め、家族の靴は端に。正面は来客用のスペースとして空けています。B 傘は一人1本。あとは折り畳み傘を数本用意。収納場所に困るビニール傘は買わないようにしています。C 来客用のスリッパは大きめのリネンの袋にまとめ、靴箱の上に収納。必要なときだけ取り出して使い、スリッパ用のスペースを最小限にしています。

C

B

A

靴箱の中は…

D 靴は基本的に購入時の箱に入れて収納。どの靴かひと目でわかるようにデジカメで靴の写真を撮り、箱に貼りつけています。E 頻繁に使う子ども用のヘルメットや外遊びの道具も靴箱の中に収納。納戸にしまうと取り出すのに時間がかかるので、サッと取り出せるこの場所が指定席。

E

D

あって当然と思うものをなくしました

家を建てるとき、とにかく掃除のラクな家にしたかったので、引っ越しを機に、ホコリの元である繊維そのものを、可能な限りなくすことにしました。

例えば、カーテンやカーペット、キッチンマットにトイレカバーなどは、ホコリを出すだけでなく、汚れると見た目にもＮＧ。

これらの繊維製品とキッパリ決別したことで、これらを洗う手間も省くことができました。

また、小窓をたくさんつけて、風通しのいい家にしたので、寝室以外のエアコンは、思い切ってなくすことに（さすがに熱帯夜にエアコンなしでは辛いので）。

友人に「夏でもエアコンなしだよ」と話すと、すごく驚かれますが、家の周りに遮るものがないので、リビングには一日中気持ちのいい風がよく入ります。

この家に暮らして5年になりますが、エアコンがなくて不自由したことはなし。むしろ、フィルター掃除がなくなって家事がラクになりました。

物があれば、手間も出費も増えて当然。であるなら、物を少なくしていくのが、家事をラクにする手っ取り早い方法とも言えます。

今度は何をなくしてラクをしようか、「ゆる家事」の探求はまだまだ続きます！

B生ゴミはその都度処分。特有の臭いや三角コーナーの掃除に悩まされることもありません。

A風がよく通るように設計してもらったので、夏は風鈴の音で涼しさを演出します。

B

A

D

C

D 洗うのが面倒なカーテンはやめてブラインドに。はたきだけで掃除が済むのでラクです。

Cカーペットやキッチンマットをなくしたら、室内の繊維が減り、ホコリも減りました。

掃除

リビング Living

リビングがきれいだと、気持ちがラクになって
家事へのモチベーションがぐんぐん上がります。
一番目につくこの場所がすっきりしていると
他の部屋もきれいになった気になります。

クッションは振りさばいてふかふかに

クッションは上から下にパンパンと振りさばきながら形を整えます。思い切りやるとなんとも爽快な気分。ストレス解消にもなっています。

リビングだけはきれいにしてから寝ます

朝一から骨の折れるリビングの掃除をするなんて！　そんなことにならないように、ここだけはきれいにしてから寝ます。気持ちよく一日のスタートをきるための大切な日課です。

ホコリ取りには昔ながらのはたきが活躍

掃除の中では、はたきを振るのが好きです。パタパタと振るだけでホコリがよく落ち、掃除をした気にもなります。ホコリがべったりつく科学雑巾だと、つい枚数を多く使ってしまいがち。その点、はたきにはホコリがつかないので汚れが気にならず、エコにもなります。

使い終わったら……

A ふきんって何枚お持ちですか? 私は30枚ほど常備していて、少し汚れたら専用のかごへ。どんどん使って衣類と一緒に洗濯機で洗ってしまいます。汚れがひどくなる前に洗うので衛生的。くたびれにくいのもメリットです。B 使ったふきんはこのかごにどんどんためていきます。

キッチンカウンターは メラミンスポンジでこするだけ

汚れがつきやすいキッチンカウンターは、メラミンスポンジでこすってきれいに。お気に入りの音楽を聴きながら、リズムにのって楽しく掃除します。

掃除

ダイニング Dining

小さな子どもがいるので
食べこぼしは日常茶飯事。
ダイニングは汚れるのが普通なので
その分“ちょこちょこ掃除”を心がけています。

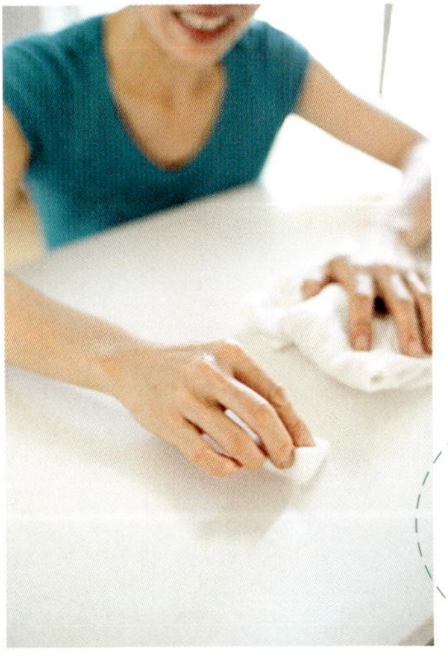

メラミンスポンジは、ドイツ生まれの新素材。水をつけてこするだけで、汚れが落とせる優れもの。好きな大きさにカットして使います。

オーブンレンジの油汚れは重層スプレーで解決

オーブンレンジは、使い終わって温かいうちが勝負。重曹スプレー（水に重曹を5：1の割合で溶かす）を庫内にスプレーし、30分ほどおいて庫内の温度が下がってから、ボロ布で拭き取ります。これだけで、油汚れが簡単にきれいに（火傷には十分注意しましょう）。

掃除

キッチン Kitchen

キッチンが家の中心にあるので
床が汚れると家族の足をつたって
家中に汚れが運ばれることに……。ボロ布で
サッと拭いておけば、汚れの広がりが防げます。

沸かしたお湯が余ったら、熱湯をスポンジにかけます。たったこれだけのことですが、ほとんどの雑菌は、熱湯で死滅するので衛生的。まな板にもよく熱湯をかけています。

C

D

ちょこっとメモ

来客時は新しいスポンジをおろすといいですよ。毎日見ているスポンジの汚れは、気にならなくなるもの。おろしたてのスポンジなら、万が一食器を洗っていただいちゃう場合でも、快くお願いできます。

A 五徳は一日の終わりに外して洗います。めんどうに思うかもしれませんが、実は逆。毎日洗うことで汚れがこびりつかず、大掃除の手間が省けるのです。B 油がはねた床を放っておくと、油が広がって床がベタベタするだけでなく、ホコリとまざって掃除がやっかいに。すぐにボロ布で拭いてしまえば、掃除の範囲も最小限で済みます。C 魚焼きグリルに重曹を適量ふっておくと、重層の消臭効果で魚の臭いが抑えられ、洗うときも水をかけるだけで、魚の脂がスルンと取れてしまいます。重曹を使うようになってから、グリルの掃除がとてもラクになりました。D シンクは一日の終わりに食器用洗剤でサッと洗い、酢スプレーを吹きかけてボロ布で水分を拭き取ります。シンクをきれいにしておくと、翌朝の食事の準備が気持ちよくできます。

掃除

バスルーム Bathroom

バスルームの掃除のポイントはカビ対策。
お風呂に入ったついでに
サッと水けを取るのがポイントです。

日中は……

正面の小窓を開けるとそこはベランダ。窓を開けておくだけで、湿気が減りカビも増えません。

足拭きマットは大判のタオルで代用

厚手の足拭きマットは洗濯がめんどう。そこで大きめのタオルで代用したらこれが大当たり。使ったら他の洗濯物と一緒に洗濯機へ。乾きやすいので衛生的。

濡れたボロ布で1分だけ床を拭き掃除

入浴後はバスルームと洗面所をつなぐ溝に水がたまるので、ボロ布で水けを吸収。そのボロ布を使い、洗面所兼脱衣所の床を1分ほど軽く拭き掃除。こうしておくと翌日の夜まで掃除をしなくて済みます。

お風呂掃除は入浴のついでに

お風呂は私が最後に入るので、入浴のついでにお風呂掃除もしてしまいます。バスタブを洗ったら、次は壁。カビ予防に、モップを上から下に動かして壁の水けを拭き取ります。二の腕の引き締めにもなって一石二鳥です。

A

B

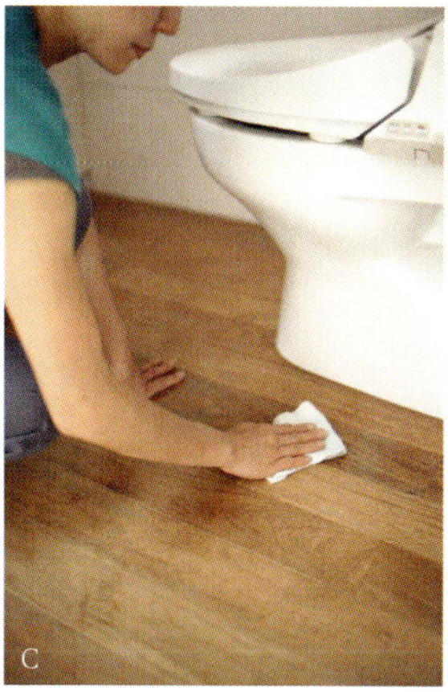
C

掃除

トイレ Restroom

トイレ掃除は入浴の直前に済ませます。
掃除のあとは自分を洗う番。
手が少々汚れても気分がラクです。

A わざわざ専用シートを買わなくても、トイレットペーパーに専用洗剤をスプレーして拭いてしまえばＯＫ。便器は、まず外側をサッとひと拭き。内側は汚れがひどくなる前なら、ブラシで軽くこするだけで十分きれいに。 B 便座の裏側はおしっこが跳ね返るので、ここを放っておくと黄ばみと臭いの原因に。トイレ掃除の重要ポイントです。
C 便器のすぐそばは、髪の毛やホコリがたまる場所。ここがきれいだと、トイレ全体の掃除が行き届いているように見えます。

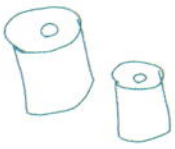

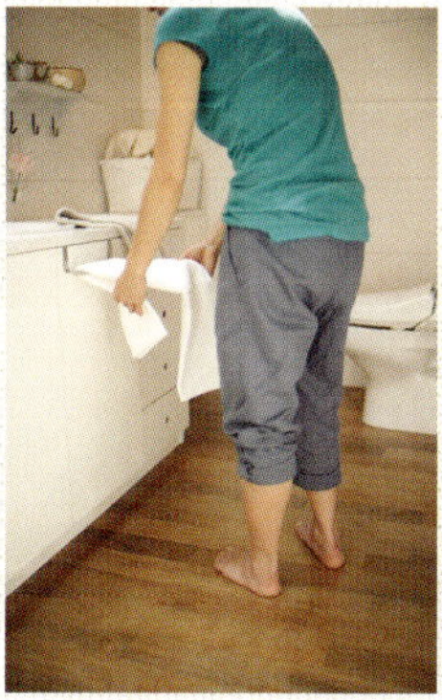

急な来客のときは…

タオルを濡れていない新しいものに替えるだけで印象がアップ！
男性客は便座を上げるので便座の裏側の拭き掃除もお忘れなく。

ゴミ箱は、ふたつきなら見た目がスッキリ！　中が見えないので、来客時もゴミ箱の中をきれいにしなくていいからラク。

洗面台の蛇口部分は、朝顔を洗ったついでに掃除。2cm四方にカットしたメラミンスポンジでサッとこするだけでピカピカに。

鏡は水とボロ布だけできれいになります。まず、ボロ布で水拭きをし、別の乾いたボロ布で鏡についた水を拭き取ればＯＫ。

掃除

洗面所　Lavatory

水垢はためると掃除で苦労するので
顔を洗うついで、手を洗うついでに
こまめに掃除するのが一番ラクな方法です。

鏡は小学生のときに買ったものをリメイク

こちらは玄関を入ってすぐのところにある1Fの洗面台。鏡付きのボックスは小学生のときに自分のおこづかいで買ったもの。白く塗り直して使い続けています。

洗面台は、重曹をふり、たわしでこすってもきれいに。こんな風に柄の付いたかわいいたわしがあると掃除も楽しくなります。

ふとん干しは室内でやればラク

ふとんはわざわざ屋外に干さなくても、風通しのよいところで湿気を取ればＯＫ。こんな風に割り切ってから、ふとん干しがラクに。これなら、突然の雨でもあわてません。

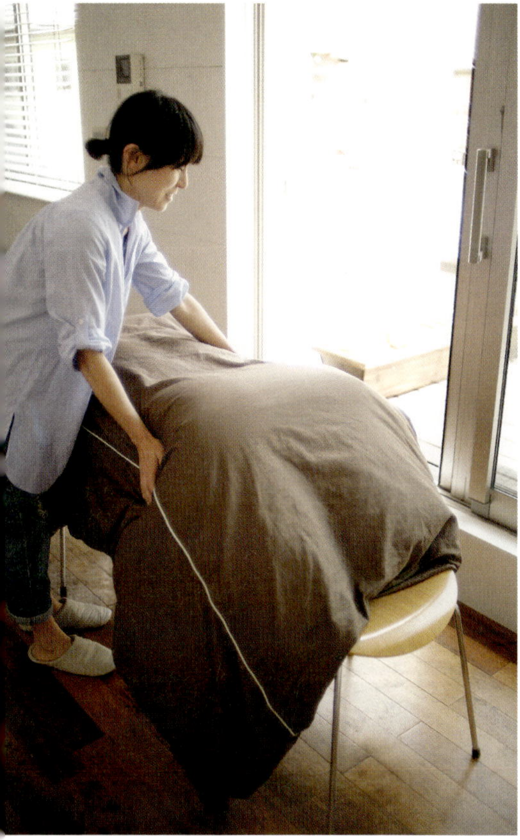

家のゴミはほとんどがホコリ。子どもたちがベッドの上でぴょんぴょん飛び跳ねると、ふとんからホコリが大量噴出。遊びたい気持ちはわかるけれど、できるだけジャンプはしないように教えています。

掃除

Bedroom&Kid's room

寝室＆子ども部屋

47 出さなくて済むゴミは
できるだけ出さないように
家族にも協力してもらいます。

子ども部屋には、ふたを外せば口が大きくなるゴミ箱を設置。子どもは、紙の切れ端でも、消しゴムのカスでも、かまわず床に落とすので、捨てやすいゴミ箱を用意しています。

A 階段の掃除はもっぱらほうきで。ちりとりでこまめにゴミを取りながら、２階から１階に降りていきます。小さなほうきは持ちやすく端のゴミも気持ちよく取れます。ちなみに、階段はゴミが目立ちやすい場所。急な来客時は、階段だけでも掃除をすると、うまくごまかせます。
B 玄関は掃除が少々行き届かなくても、花やグリーンを飾るだけできちんとした印象に。これは大きさの違うゼリー型に吸水用スポンジを入れ、バラなどを小さくアレンジしたもの。

Stairs&Entrance

階段・玄関

掃除

階段や玄関は掃除をしても
次から次へとゴミがたまる場所。
きりがないので、ふだんは軽く掃くだけ。
汚れが目立ってきたらこすり洗いと
メリハリをつけてきれいを保ちます。

ドア周りの細かい部分にゴミが目立ってきたら、小さなほうきでシュッシュとかきだします。これはけっこう楽しい作業！

ふだんは…

玄関のたたきは、髪の毛やホコリを取るだけでスッキリ。ふだんはほうきで軽く掃く程度のお掃除。かがまなくていいように、ほうきは柄の長いものを愛用しています。

↓

汚れてきたら…

たたきの汚れが気になってきたら、重曹をふって、デッキブラシでゴシゴシこすります。重曹の消臭効果で、臭いも一掃。

玄関前は目立つところだけ
きれいにすればOK

C 忘れがちだけど、目立つのがドアノブ。砂ボコリがたまりやすいので、来客時は、ボロ布で拭いてピカピカにしておけば好印象。D ドアホンの上もお客さまには目立つ場所。ボロ布でサッと拭き取るだけできれいになるので、ついでにここも拭いておきます。

洗濯 Washing

おしゃれ着と汚れがひどいもの以外は
基本的に細かい分別をせず、まとめて洗濯機へ。
悩ましいシワや生乾き対策は干す前に
ひと工夫すれば、手間をかけずに解消できます。

A

B

C

A ボトム類を干すときは、ピンチハンガーで筒状に整えてから。衣類の中に風の通り道を作ることで、乾くスピードがアップ。
B 洗ったシャツは干す前に振りさばき、大きなシワをとります。その後、手のひらでパンパンとシャツをたたけば、のり剤なしでもパリッとした仕上がりに。
C 臭いのきつい靴下は酢水（水１ℓに酢大さじ２～３）に２時間くらいつけておくと、嫌な臭いが気にならなくなります。

日常着

大きなシワは、たたんで放っておけば解決

洗ったＴシャツやタオルは干す前に簡単にたたんで、しばらく放置。こうしてから干すと大きなシワがとれます。

Washing of stylish garment

おしゃれ着洗い

わざわざクリーニングを利用しなくても
① 衣類をきつく絞らない
② 衣類をこすらない
③ 陰干しをする、の３つの約束を守れば
たいていのおしゃれ着は、
手軽に洗えます。

おしゃれ着

D

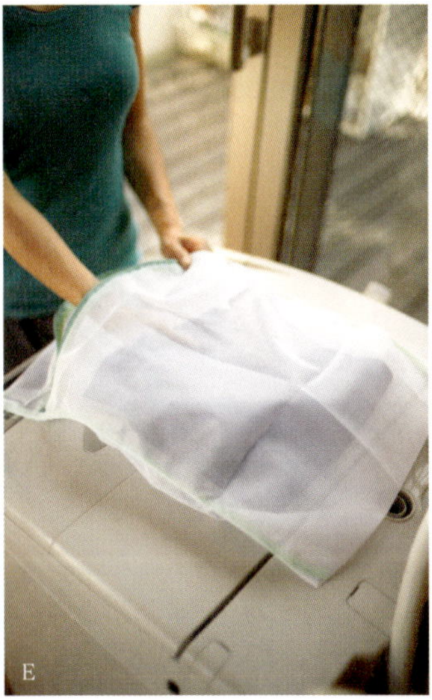
E

ネットを使えば 仕上がりがよりきれいに

D色あせや型くずれを防ぐために、必ずおしゃれ着洗い専用の洗剤で洗います。おしゃれ着の場合はまとめ洗いはせずに１着ずつ洗います。E洗濯機で洗う場合は必ずネットに入れて。そのまま洗うと縮むことがあるので要注意。装飾品がついているものは、裏返してから。Fつけおき洗いの場合は脱水がポイント。ぎゅっと絞るとシワができるので、大きめのタオルで服を挟み、軽く手で押しながら水けを取ります。

F

洗濯物が乾いたら Laundry dries...

わが家には洗った洗濯物を入れる
自分用のかごがあります。
乾いた洗濯物はどんどんその中へ。
後はめいめいが自分の部屋に持って行きます。

裏返して洗ったものは裏のままたたんでよし

かごに入れるときは簡単にたたみます。量があるので裏返して洗ったものは、そのままたたみ、表に直すところまでは、いちいちしません。どのみち着るときは必ず表に直すので「裏のままでもよし」としています。乾いた洗濯物を入れる一時置き場を作ったことで、取り込んだ洗濯物の山が、そのままほったらかしにされることがなくなりました。かごの持ち手には、夫は皮ひも、息子はデニムの切れ端、娘はピンクのリボン、私は麻のリボンを目印に巻いています。

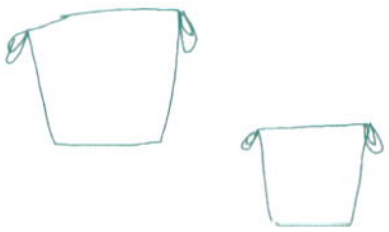

シャツは干したままの状態でクローゼットへ

シャツ類は干すときにハンガーに吊るすので、そのままクローゼットへ移動。たたむ手間が省けます。

ちょこっとメモ

シミ抜きのコツ

「シミはプロに任せるのが一番」が私の持論。でも対応が早ければ早いほどシミは早く落ちるのも事実。クリーニング屋さんに聞いたところ、焦ってこすると生地を傷めるだけでなく、シミが落ちにくくなるそう。代表的なシミの見分け方と簡単な応急処置だけは知っておきましょう。

水溶性のシミ

ジュース、コーヒーなど。

まず、シミを水で湿らせ、次にハンカチなどの別の布を汚れの上に置く。その上から叩いて汚れを移す。

油性のシミ

ファンデーション、口紅など。

乾いた布かティッシュペーパーで汚れをつまむようにぬぐい取る。メイク汚れはクレンジング剤をなじませておく。

水溶性のシミ

液体洗剤をなじませておく。

着ない服や靴は……。

例えば夏なら、冬物のセーターは風呂敷に包み、ブーツはスーツケースに入れてクローゼットに収納しておきます。スーツケースは年に何度も使わないので、スペースの有効利用というわけ。風呂敷は服の大きさや形を選ばず、そのまま引き出しに移せるのでラクです。

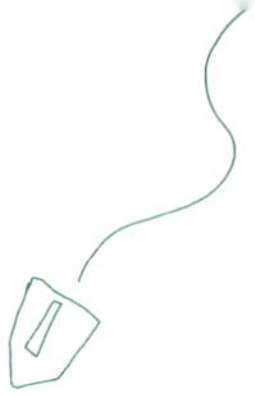

アイロンがけ

家では、アイロンがけがめんどうなので
アイロンがけをしなくてもいい服ばかり
着ていますが、スタイリングの仕事では
アイロンは必須アイテム。
毎日のように使っています。そこで、
私なりのアイロンがけのコツをご紹介します。

霧吹きは100円ショップのもので十分。ただし、細かい霧が広範囲に出るものを選んで。

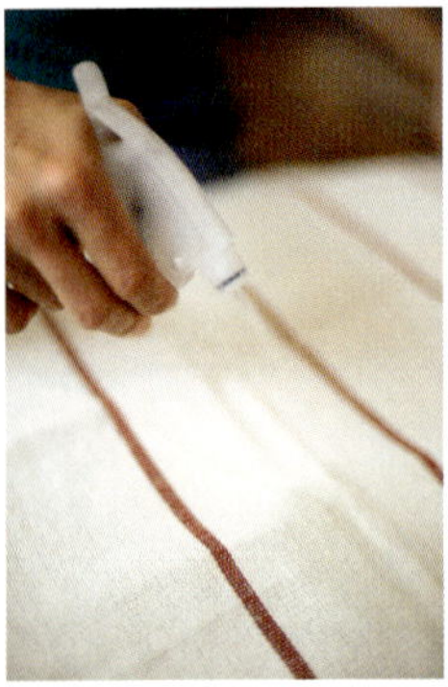

コツは、霧吹きをかけたらすぐアイロン

まずは霧吹きで布を湿らせて、それからドライアイロンをかけます。スチーム機能付きのアイロンもいいけれど、私は広範囲をまんべんなく湿らせたいので、霧吹きを使います。手早くシワを取るコツは、霧吹きをかけてから、すぐにアイロンを押し当てること。アイロンがけまでにタイムラグがあると、水シミができるので要注意です。このアイロンは夫の母が使っていたもの。重さといい、熱さといい使いやすくて、大切にしています。

アイロンミトンを使って

A ミトンをスカートの裏布に当て、表は当て布をして、ギャザーにアイロンを押し当てます。ちなみに、ギャザースカートは全体にアイロンがけをしなくても、切り替え部分にアイロンをかければ、ふっくらときれいに仕上がります。B スーツはハンガーにかけたまま、肩の内側にミトンをあて、縫い目の丸みに沿ってアイロンを押し当てて。C ボタン周りのアイロンがけもミトンの得意分野。ミトンをあて、ボタンの周りをアイロンの先端で押さえます。

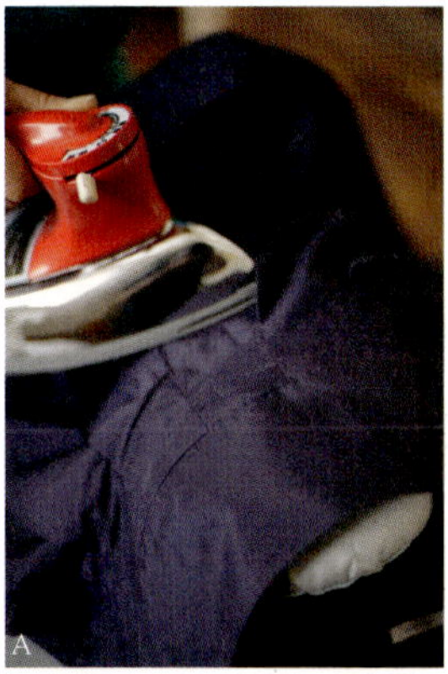

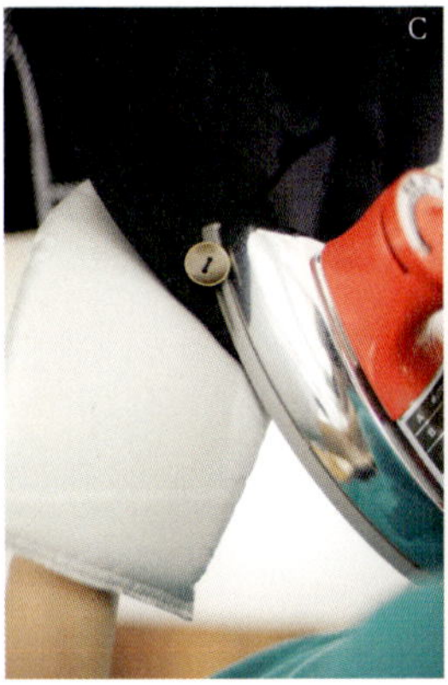

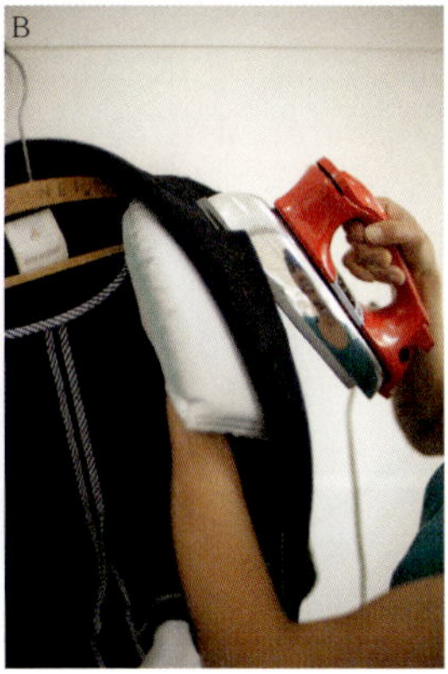

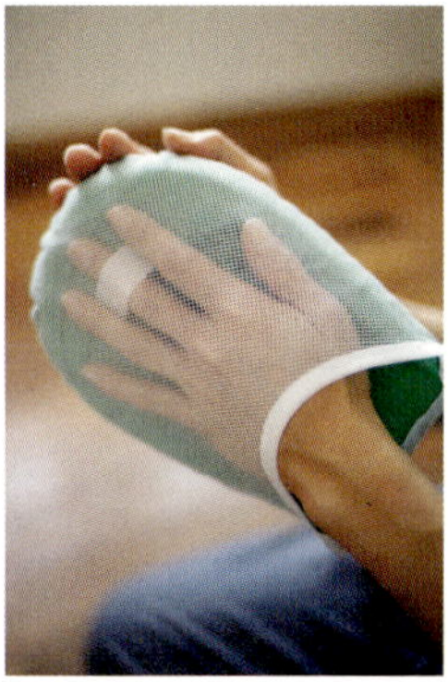

アイロンミトンってご存じですか？　平面のアイロン台の上ではかけにくい立体的なジャケットの肩やギャザーなどが、きれいに仕上がります。大きくて重いアイロン台を出すのが面倒なときにも便利。手袋のように手にはめて使います。このミトンは100円ショップで買いました。

ちょこっとメモ

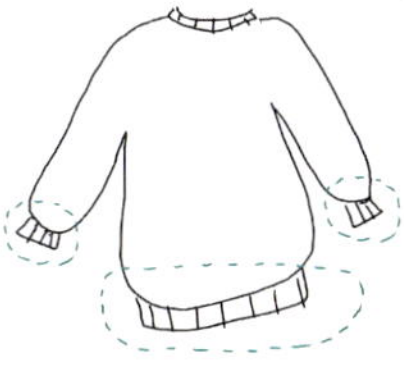

ウールのセーターの袖口や裾のゴム編み部分が伸びてしまったら、スチーム機能付きのアイロンが役立ちます。生地から3cmほど離してスチームを十分にあてれば、ゴム編み部分が縮んで元通りに。

時間がないときにシャツにアイロンをかけるなら、とりあえず襟と肩、袖口だけにアイロンをかけましょう。目立つ部分がピシッとしていれば、他の部分に多少のシワがあっても格好がつきます。

靴磨き Shoes polish

きれいな靴を履くと、その日一日気分がよく
足取りも軽くなるもの。
パンプスやブーツなどは、履いたその日に
ボロ布で軽く汚れを拭き取っておくだけで
靴のツヤはぐんと長持ちします。

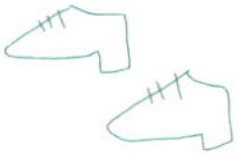

ボロ布があれば、たいていの靴はピカピカに

わざわざクリームを塗らなくても、履いたその日にボロ布で汚れを拭き取り、履く直前に別のボロ布で仕上げ磨きをすれば、簡単にツヤが出ます。靴に汚れをためないことが大切です。

革靴にクリームを使うときは

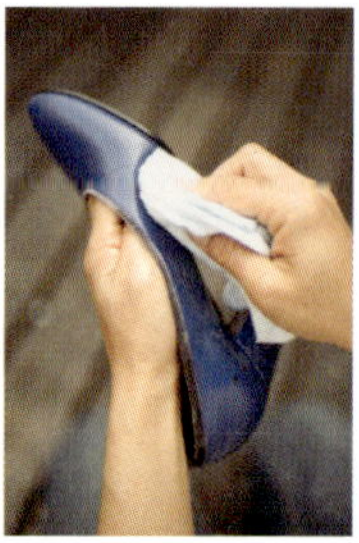

まずはボロ布で靴の汚れやホコリを落とします。

次に革靴用のクリームを靴全体に塗ります。

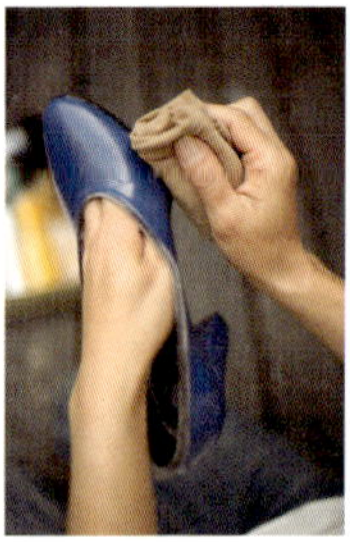

仕上げは履き古したストッキングで拭いてピカピカに。

B

A

C

A 買ったばかりの布製の靴は防水スプレーをシュッとひと吹き。これをしておくだけで、突然の雨でも水が染みにくく、汚れやホコリがつきにくくなります。B ブーツの型崩れ防止には古新聞を使います。ブーツのサイズに合わせて丸めて入れておくだけ。新聞紙は適度な硬さがあり、湿気もとってくれるので私はずっとこれです。C「10円玉を3～5枚、ひと晩靴の中に入れておくと臭いがとれるんだって」。友人から教えてもらった方法です。試してみたら確かに臭いがやわらぐので、防臭スプレーを切らしたときに実践しています。

ちょこっとメモ

同じ靴を毎日続けて履かないように心がけると、靴が長持ちします。臭いや汚れもつきにくくなるみたい。結果的に靴を洗ったり、磨いたりすることが減るので、手間がかかりません。

家事が楽しくなる服

家で過ごすときの服は、家事がしやすいように動きやすいのが一番。
なおかつ、宅配便や郵便屋さんにも気持ちよく対応ができて
近くのスーパーや、保育園のお迎えにも気軽に出かけられる服装を心がけています。
それぞれがベーシックな組み合わせですが、きれいな色のバッグや靴、
ストールを１本加えるだけで、お出かけもＯＫな着こなしになります。

お掃除をする日のコーディネート。ベーシックな七分袖のボーダーはそれだけで気持ちが弾む１枚。さらりとした肌触りが気持ちいい綿素材のワークパンツは、動きやすさがお気に入り。裾をロールアップして女性らしく。きれいな青色のストールを１枚羽織れば、お出かけしても見栄えのする着こなしに。

油やタレがはねない料理をする日は、アイロンがけをしなくてもいい、白いシャツを着ることが多いです。白の効果で顔色も明るく映えます。動きやすいショートパンツは暗めの色を選べば大人の女性でも違和感なく着られます。ただし、素足を出すのは抵抗があるので、冷え性対策も兼ねてレギンスを合わせて。

「家のことをやるぞ！」と自分を盛り上げたいときはピンク色を着ます。シャツタイプのチュニックは動きやすいので好きな１枚。胸のピンタックやフリルが女性らしいデザインですが、ジーンズを合わせれば甘くなり過ぎません。ジーンズは履き古したような色落ち感のあるものが家事にはしっくりきます。

おすすめの愛用品

ガラスキャニスター

角型なのでスッキリ収納できて、しかも丈夫。まとめて買って見た目も統一しています。イタリア・ボルミオリロッコ社製。

ワックスペーパーや紙カップ

ちょっと包んで渡すときのラッピングに最適。レースペーパーや紙カップ、おもちゃの切手も、雑貨屋さんで購入。

ソイフラワーとは
木の皮を薄くむいて乾燥させ、花びらの型に加工した芳香剤のこと。

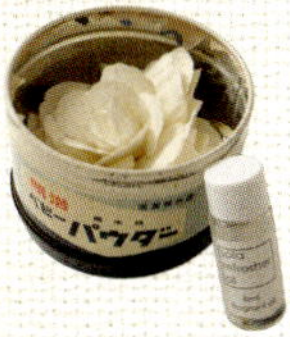

ソイフラワー

アロマオイルをたらすと、ほのかに芳香。レトロな容器に入れて、靴箱の中に置いています。自由が丘の雑貨屋さんで購入。

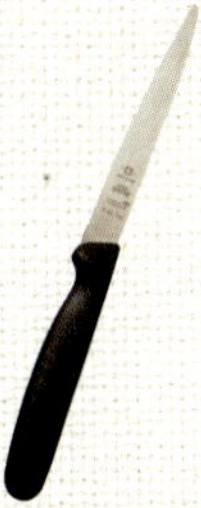

パン切りナイフ

気持ちよく切れてパンくずも少ない優れもの。パン生地を分けるスケッパー代わりにもできます。スイス・ウィンガー社製。

竹製のかご

100円ショップで購入。中身がよく見えるので、小麦粉や乾物など自立しにくい袋の仕切り箱として利用。

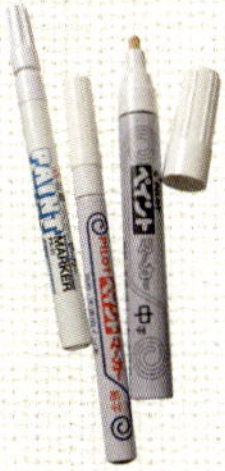

白色の油性マーカー

ガラス瓶などに文字が書けます。なんでもないものがカフェ風の雑貨に。水に強いところもお気に入り。PILOT社製など。

かつお節削り器

夫の友人が刃を研ぐのが得意でお願いしています。だから切れ味抜群！　近所のリサイクルショップで購入。

パスタ用の塩タブレット（FLAMINGO）

イタリア・シチリア産の良質な海塩を使用した塩タブレット。1ℓの湯に対して1粒（10g）入れると理想的な塩加減に。

波形に切れるローリングカッター＆マット

マスキングテープやフェルトの端などを波形に切るときに。シンプルな素材でも表情がつきます。ユザワヤで購入。

Part.3

気持ちよく暮らす ちょこっと手作り＆リメイク

リメイクは、壊れた子どもの傘の布が最初です。

傘は壊れてしまったけれど、布は素敵だったので「捨てたくない！」と思い、赤い持ち手をつけて、ちょっとスポーティーなバッグにリメイクしたのでした。仕上がりは上々。今でも大切に使い続けています。

それ以来、好きな物を別の形で長く使い続けていく、リメイクの魅力にすっかりハマってしまいました。

私のリメイクは、実用的に使えるベーシックなものが中心。でも、仕上げに、トレンドの手芸を少し加えたいので、時間を見つけては、手芸のワークショップや体験教室などに足を運んで、新しいテクニックを勉強しています。

最近参加したのは、手芸品専門店「ユザワヤ」のビーズ刺繍の体験教室。1回限り、短時間のレッスン。でも、1度しっかり習っておくと、時間が経っても、けっこう忘れないものです。

図面も引かず、もっぱらフリーハンドでの制作ですが、意外と形になるもの。きっちり作らなくても大丈夫。楽しむことが大切です。

これが最初にリメイクした
バッグです。

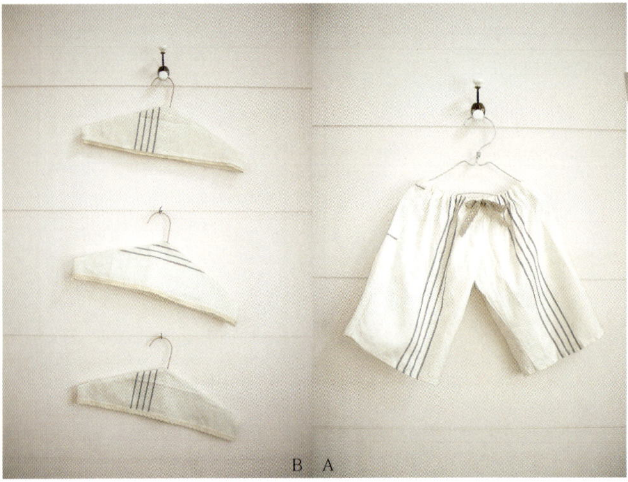

うしろには
ポケットをつけて

ポケットはポイントになるように淡いブルーの生地をセレクト。ブレード（飾りのついた布テープ）と布リボンで作ったタグもつけてかわいく。

A子供用のショートパンツ

元の布のラインをシンメトリーに合わせた、リラックス感あふれるショートパンツです。少し甘めにしたウエストの布リボンがポイント。

Bハンガーカバー

あじけない針金ハンガーをおしゃれにできないものかと考えて作ったのがこれ。衣類のすべり落ちもしっかり防いでくれます。

Kitchen cloth

キッチンクロス

キッチンクロスの布は濡れてもすぐ乾き、
通気性も言うことなし。「IKEA」のキッチンクロスは
大判なので１枚の布としても十分使えます。
私は布の特性を生かして、子どもの服や
マットなど、汚れたら洗えるものを作っています。

Cバスマット

子どものおねしょマットを布と同じ大きさに裁断して縫いつけてあるので、使用後に床が水でびちゃびちゃになりません。

Dリモコンホルダー

ソファのサイドにかけて使います。座ったときによく使うものを一緒に収納できるように、ポケットの高さを調節しました。

鍋つかみ

片手ずつだと迷子になりがちな鍋つかみはふたつでひとつに。手袋の中は、火傷防止に、厚手のキルティングを２枚重ねて縫い付けています（布の面積が広いので、ガスコンロでは、火を止めてから使っています）。

Yシャツ Y shirt

元は古くなった夫のYシャツ。
とはいえ襟や袖口以外は、意外ときれいなまま。
惜しみなく使えるので
私は汚れてもかまわない
子ども服にリメイクして楽しんでいます。

キャミソールワンピース

Yシャツの襟と袖を切り離しただけ。胸元と首の部分にひもを通し、そのまま肩ひもに。ポケットと裾にあしらった小花柄がポイントです。

Aコサージュ

花柄の布とYシャツを図1のように縫い合わせ、端からクルクルと巻いて、中心で留めればできあがり。

図1

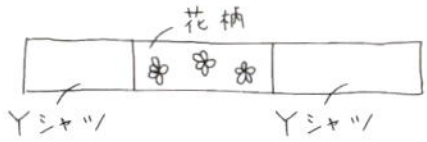

Bシュシュ

花柄の布とYシャツを図2のように縫い合わせて筒状にし、中にゴムを通して結び、布の両端を縫い合わせればOK。

図2

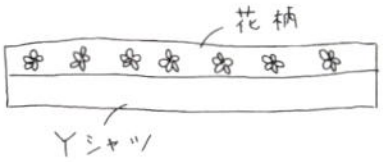

C三角巾

Yシャツを図3のように切り、裾に花柄の布を縫い合わせ、ひも状に縫った花柄の布を留めるだけ。

図3

レジ袋ストッカー

上からレジ袋を入れ、下から出して使います。Yシャツの袖を切り離し筒状にします。切りっぱなしの両サイドに花柄の布を縫い合わせ、袖口だったほうを上にしてひもを縫いつけ、肩だった部分にゴムを通します。

手袋

裾のゴム編み部分を手袋の袖にいかしたガーリーな手袋。前身ごろと後ろ身ごろを手袋形に切り、端をまつるだけ。モヘアで編んだひもをつけ、花のモチーフを飾りました。

セーター Sweater

目がつまってまるで布みたい……。
きっかけはウール100%のセーターの洗濯の失敗。
でも、はさみで切ったり縫い合わせたり、
布同様に扱うことができることを発見できました。

ちょこっとメモ

はじめは、わざと水で洗濯をして縮ませていましたが、その後、縮ませなくても、化繊の毛糸でも、同様に作れることがわかりました。端さえまつってしまえば、布と同じように扱えます。

ショール

セーターならではの優しい表情のショールです。両袖を切り離し、前身ごろと後ろ身ごろを長方形に切り揃え、端をまつり縫いに。首に巻くときは胸元でクロスさせ、大き目のピンで留めます。

鍋敷き

ココットや小さ目のグラタン皿を置くときに使っています。セーターを好みの大きさの正方形に切り、端をまつるだけ。布テープで持ち手を作り、タグを飾りました。

湯たんぽカバー

湯たんぽカバーをもう少しかっこよくできないものかと思って作ったのがこちら。厚手のセーターの両袖を切り離し、袋状に縫ったらできあがり。リボンで結んで使います。

火傷防止に、セーターは厚手のものを選んでいます。
湯たんぽをタオルや手拭いで包んでから、カバーをかけてもＯＫ。

傘の布 cloth of umbrella

ナイロン生地のいいところは
汚れてもひと拭きできれいになり、
水に濡れても平気なところ。
わざわざ買わなくても
使わなくなった傘があればリメイクを楽しめます。

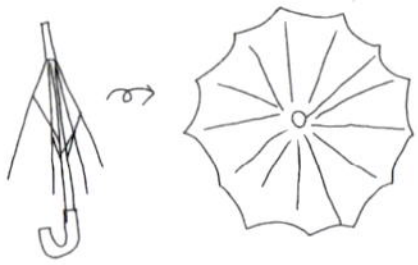

傘の布の外し方

1 傘のてっぺんにある留め具を回して外す。留め具を回して外せないときは、カッターで留め具の周りを丸く切り取る。
2 傘の骨組みに縫い付けてある糸を切り、布を外す。
※当て布をし、低温のアイロンでシワをのばしてから、使いましょう。

トラベル用収納ケース

端から巻いて結ぶと小さく持ち運べます。スパなどで便利。布を長方形に切り、縦の長さの⅔のところで折って、好みのポケットの大きさに縫うだけ。

衣類カバー

礼服などたまにしか着ない服のホコリよけに。傘の布の形をそのままいかしているので、どこも縫っていません。ハンガーに服をかけてその上からかぶせるだけ。

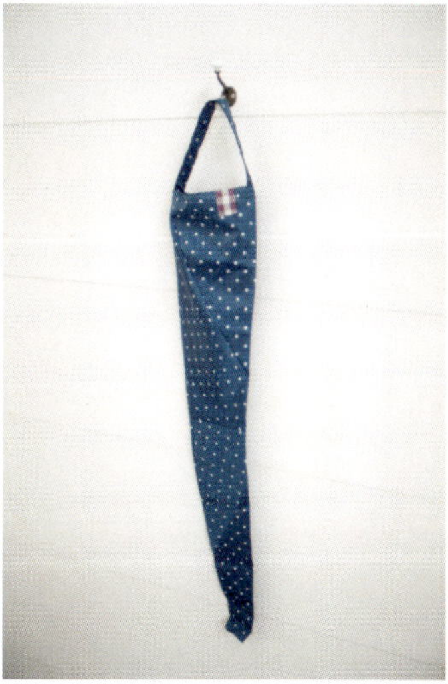

傘ケース（折りたたみではない傘）

電車や車、お店の中などで濡れた傘を持ち運ぶときに重宝します。布を細長い扇形に切り、縦半分に折って縫い合わせるだけ。

長さ半分くらいのところで、折りたためるように、ボタンをつけています。こうすると折りたたみ傘のケースとしても使えます。

A子ども用エプロン

水彩画で描いたような鮮やかな小花模様がポイントの子ども用エプロン。花柄の端切れは目黒の古着屋さんで買いました。端を生成り色の生地でパイピングし、アクセントに黄色の首ひもをセレクトしました。

B大人用エプロン

紺色の生地をベースに同じ端切れを使った自分用のエプロン。ギャザーをたっぷりよせて、ふんわりとフェミニンに。

B

A

端切れ Small cloth

色や柄の組み合わせによって
布の表情がどんどん変わる……。
お気に入りの生地を少しずつ縫い合わせていくのは
本当に楽しい時間です。

Eはたき

水玉柄の端切れを細長く切ってまとめ、剪定した観葉植物の枝につけました。枝の少し曲がった感じが、なんともいえず、いい感じです。

Fタグ

切りっぱなしの生地に、ハトメ型の金具をつけただけ。プレゼントのラッピングなどに添えると、かわいさがぐんとアップします。

Cサシェ

小さなサシェ（香り袋）は、引き出しにちょこんと収まるのでよく作ります。私の年代にはなつかしい三角牛乳パックの形。てっぺんにつけたタグがポイントです。

Dぺたんこポシェット

キッチンクロスをベースにしたお出かけポシェット。小さな端切れをバランスよくあしらって、カジュアルなデザインに仕上げました。

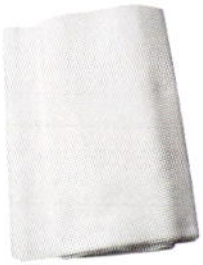

さらし cloth of cotton

さらしは染められていない木綿の布で、
1巻きが1000円ほど。安いうえに白くて清潔。
シンプルな生地をそのままいかしたいので、飾りは最小限。
少しスタンプを押したり、小さなモチーフをつけたり
白い生地を思い切り楽しみます。

シューキーパー

表面にスタンプを押すだけで雑貨のようなかわいさに。ふたつ1組にして靴の中に入れています。袋状に縫って、綿と乾燥させたローズマリーを入れ、口を縛ればできあがり。

B

A

C

Aふきん

端をミシンでジグザグ縫いしただけ。お手拭きとして使ったり、お菓子を包んでプレゼントしたり、数枚あると便利です。

Bバッグカバー

生地がやわらかいのでバッグの収納袋に最適。誰に見せるわけでもないけれど、レースリボンや小さなタグが小さなこだわり。

Cマスク

表にレースモチーフと布リボンを飾っておしゃれ度をアップ。筒型に縫ってゴムを通すだけで簡単に作れます。

アクセサリートレイ

生地がやわらかいので、アクセサリー入れにぴったり。フェルトの四隅に切り込みを入れて箱状にし、上から波形に切った別のフェルトを重ねて、一緒に縫い合わせればＯＫ。

アップリケ

トレンドのリボンモチーフも、フェルトを使えば簡単。フェルトをリボンの形に切り抜き、手芸用ボンドで、Ｔシャツの上に貼り付けるだけ。一瞬でガーリーな表情に。

洗濯はネットに入れ、おしゃれ着の要領で洗います。

フェルト Felt

小学生の頃、大好きな手芸作家さんがいて、
本の中の小物をまねて作るのがすごく好きでした。
とうとう１冊分の小物を全部作ってしまい
ファンレターを出したら、お返事が届いて感激！
温かみのある優しい手触りのフェルトを見ると
当時を思い出します。

後ろはざく縫いでＯＫ

後ろは見えないので、粗めに縫っても大丈夫。ピンやゴムはしっかりめにつけて。

ヘアゴム&ヘアピン

ヘアゴムはフェルトを丸く切り、端を留めてゴムを縫い付けただけ。ヘアピンはフェルトを細長く切り、端からくるくる巻いてピンにつけただけ。

スリッパの中敷&裏敷

かかとの部分が擦り減ったスリッパには、手芸用ボンドで小さく切ったフェルトを接着。スリッパの裏に貼ると、小さな足音に。

麻ひも String of hemp

荷造り用のひもなのに
ラッピングを素敵に見せてくれたり
毛糸のように編むことができたり活躍の幅が広い麻ひも。
ナチュラルで素朴な風合いが好きです。

B

C

A

バッグ

A かぎ針で、1段目をこま編みで作り、2段目からは1段目の各目に2目ずつ編み入れて、丸く編んでいきます。途中で増やし目を作らずに編んで、立ち上がり部分を作ればOK。革の持ち手で“大人かわいい”表情に。B 内布はチェック柄と小花柄の布でキュートに。C ひもを結べば巾着のように絞れます。

コースター

夏のティータイムに。かぎ針で1段目をこま編みで作り、2段目からは1段目の各目に2目ずつ編み入れて、丸く編んでいくだけ。最後にくさり編みで持ち手をつければ完成。

キャンドルホルダー

ベランダでキャンドルを灯すときに使っています。缶にボンドを塗り、麻ひもを隙間なく巻いていくだけ。仕上げに好きなスタンプを押せば、雑貨風の仕上がりになります。

小物入れ

バッグと同じ要領で、袋状に編んでいくだけ。最後にくさり編みをし、ちょこんと丸い持ち手をつければ、かわいさがぐんとアップ。途中で麻ひもの色を変えても楽しい！

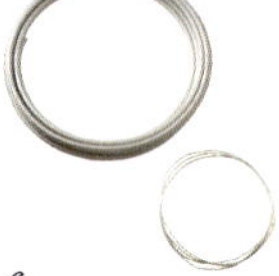

ワイヤー Wire

できあがりをイメージして、
くねくねと曲げていきその通りに仕上がると、
とてもうれしくなります。
ワイヤーは、一筆書きのイラストのように
華奢で細いものが好き。そのほうが
家に溶け込んでくれる気がするんです。

A花瓶

グリーンや小花がよく映えます。ジャムなどの空き瓶の口にワイヤーを手で巻き付け、ひょろひょろと長い持ち手をつけています。

Bぬいぐるみ入れ

ワイヤーにネットを巻き付けて、バスケット風の入れ物に。中のぬいぐるみの顔が見えるので娘も自分で片づけてくれます。

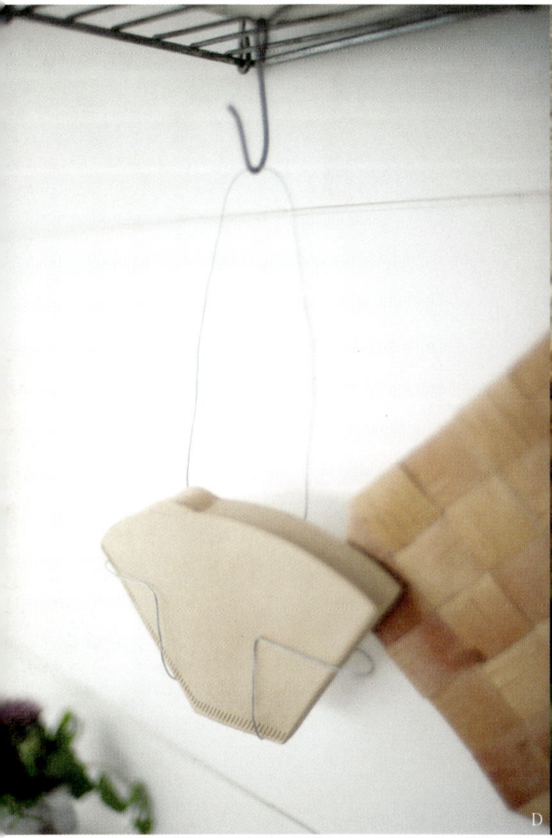

D

C

Cガーデンマーカー

コンテナガーデンは、お花屋さんのように何を植えているかをご紹介。「パセリ採ってきて♪」と家族にお願いするときにも便利。

Dコーヒーフィルターのホルダー

よく使うコーヒーフィルターは、キッチンの手の届きやすい場所に。華奢なワイヤーなら、さりげなく飾りながら収納できます。

Child's hat

子どもの帽子

すぐに小さくなって
かぶれなくなってしまう子どもの帽子。
かわいいものが多いので
小さな頃の思い出とともに
その後も楽しめる活用法をご紹介します。

B

A

A巾着

帽子のつばの部分に白い布を縫い足し、折り返して縫ってからひもを通しました。ひもを引っ張ると巾着に。バッグ・イン・バッグとして使っています。

Bティーコゼー

毛糸の帽子はそのままティーコゼーに。形といい、素材といい、「ティーコゼーにしてください」と言わんばかり。タグをつけて私らしさをプラスしました。

A封筒

トレーシングペーパーで封筒を作り、マスキングテープやレースペーパー、シールでおめかし。中身が透けるので、便箋を選ぶのも楽しみ！

Bブックカバー

お気に入りの包装紙を本の大きさに折り、マスキングテープでふちどりました。少し使い込んでいますが、これもまたいい感じです。

B

A

Masking tape

マスキングテープ

いろんな模様があるマスキングテープは
貼ってもきれいにはがせるので
気兼ねなく使えるのも魅力。
スタイリングでも重宝するアイテムです。
忘れ物防止のメモを壁に貼るときにも便利です。

A

B

A封筒の封

ちょっと特別な感じがするリボンの封。お礼状を出すときは、手紙に綴った「ありがとう」の気持ちがこぼれないように、リボンで丁寧に封をします。

Bカチューシャ

好きなリボンを重ねて幅を広くし、カチューシャに貼っただけ。世界にひとつだけのオリジナル。どこで買ったの？ と聞かれたらしめたもの。

リボン Ribbon

あじけないものでもちょっとリボンを
添えるだけで、気が利いて見えるもの。だから、
きれいなリボンは包装用から布製、太いものから細いものまで
いろいろと集めてストックしています。

Race motif

レースモチーフ

つけるだけで瞬時に心躍る
ガーリーなアイテムに変身。
長く使ってきて、少し飽きてきた
雑貨につけると、今まで気づかなかった
表情に出会えてうれしくなります。

A

B

Aかごバッグにつける

長く愛用して、今は収納用にしているかごです。フックにひっかけても、床においても様になります。大き目のレースモチーフが優しい表情にしてくれます。

Bスリッパにつける

さりげないかわいらしさで足元を少しだけおめかし。花のレースモチーフをスリッパの上面に縫いつけました。少し折り曲げた感じがお気に入り。

Part.4

パパッと作れてすぐおいしい！イチオシの簡単メニュー

一人暮らしの頃は外食ばかり。都合がいいことに、当時は料理上手な女友達がいて、しょっちゅうごちそうにもなっていました。

料理が苦手なまま結婚してしまった私に、変わるきっかけをくれたのは、友達に誘われて行ったイタリア料理の教室。

簡単なのに、見栄えよく仕上がる料理に感激。料理への興味が一気にわいて、他の料理教室にもいくつか通いました。

おかげで、料理は普通に作れるように。次は、いかに手際よくおいしい食事を作るかです。

私が頼りにしているのは、ママ友達や、育児もして仕事もしている職場のスタッフ。

「すぐできておいしい料理は何？」なんて話題になると、どんな人でも、１、２品は〝これ〟という自慢料理があるもの。

それをまねするうちに、自分でも簡単なのに、見栄えのする料理のレシピが増えていきました。

この章では、そんな風にして作り続けてきた、簡単レシピをご紹介します。

With a microwave oven

電子レンジを使って

①煮る、蒸すなどが短時間でできる。
②使う道具が少ないから、後片づけがラク。
③少量でもおいしく作れる。
などなど、いいところがたくさん。
えびチリやポテトサラダも電子レンジを使えば簡単です。

電子レンジは500Wのものを使っています。
加熱時間はあくまで目安です。メーカーによって多少は異なりますのでご了承ください。

ナムル

ゆでるとつい加熱しすぎる
もやしもシャキシャキと音がして、
ちょうどいい歯ごたえに。
キムチといっしょに
アツアツのごはんに盛れば、
あっという間にビビンバの完成です。

作り方（2人分）

1　にんじん5cmはせん切りにする。
2　ほうれん草30gは5cm長さに切る。
3 ①と水大さじ1を耐熱容器に入れてラップをし、電子レンジで1分加熱する。
4 いったん取り出し②ともやし1袋を加え、ラップをしてさらに2分加熱する。それぞれをごま油・にんにくのすりおろし・しょうゆ各少々で和える。
5 器に盛り、白すりごま適量を全体にふる。

ポテトサラダ

電子レンジを効率よく使って、
ほくほくのポテトサラダに。
フレンチドレッシングと隠し味の梅肉が
食欲をそそります。パンに挟めば
日曜日のブランチにもぴったり。

作り方（2～3人分）

1 じゃがいも1個は皮をむき、5mm厚さのいちょう切りにする。耐熱容器に水大さじ1とともに入れ、ラップをして電子レンジで8分加熱する。同様に、1cm四方の角切りにしたさつまいも1本は6分、薄いいちょう切りにしたにんじん1本は3分加熱する。
2 きゅうり1本は1mm厚さの小口切りにする。玉ねぎ½個は薄切りにし、塩少々をふってもみ、軽く洗って水けを絞る。
3 ボウルにマヨネーズ½カップ、フレンチドレッシング・梅肉各大さじ1を入れ、①、②を加えてよく和え、黒ごま適量をふる。

えびのチリソース

大火力の中で鍋をふるイメージが強いえびチリですが、
電子レンジを使えばいとも簡単！　ぷりぷりのえびの食感が
たまりません。我が家の人気メニューです。

作り方（2人分）

1 むきえび15尾は片栗粉大さじ1と水少々でもみ洗いをし、臭みを取る。
2 長ねぎ10cm、にんにく1片、しょうが1かけはみじん切りにする。
3 耐熱容器に②を入れ、ごま油大さじ1を全体にふり、ラップをして電子レンジで1分加熱する。
4 いったん取り出し①を並べ、合わせ調味料（ケチャップ大さじ4、豆板醤・砂糖各小さじ1、水溶き片栗粉＜片栗粉小さじ1：水小さじ2＞、酒大さじ1）を全体にかける。ラップをして電子レンジで5分加熱し、全体をよく混ぜ、グリーンピース適量を散らす。

With a steamer

蒸し器を使って

野菜のおいしさをそのまま味わうなら
蒸し料理が一番。蒸気の上がった
蒸し器さえあれば10分ほどで加熱は完了。
新し物好きなので、シリコン製の蒸し器も
しっかり愛用しています。

蒸し魚の ローズマリー添え

シリコン製の蒸し器は、
電子レンジ任せにできるところが
すばらしい！　忙しい日は
出かける前に下ごしらえまで
済ませて出発。帰宅後は加熱するだけ
なのでとてもラクです。

作り方（1人分）

1ポリ袋に薄力粉大さじ1、水大さじ1、パセリのみじん切り大さじ1を入れてよく混ぜ合わせ、鮭の切り身を入れてなじませる。

2玉ねぎ¼個とにんじん5cmは薄切りにし、シリコン製の蒸し器に敷く。①を袋から取り出して野菜の上に置き、ローズマリー7cmをのせてふたをする。電子レンジで5分加熱し、塩・こしょう各少々で味を調える。

ひじき入り蒸しパン

カルシウムや食物繊維、鉄分が豊富なひじきは、
育ち盛りの子どもたちや女性も積極的に摂りたい食材。
蒸しパン自体には油を使わないのでヘルシー。
おやつによく作ります。

■ 作り方（2～3人分）

1 ボウルに薄力粉160g、ベーキングパウダー小さじ2、塩少々を入れてよく混ぜる。
2 豆乳120mlとひじきの煮物60gを加えて軽く混ぜ、6等分して紙カップに入れる。
3 蒸気の上がった蒸し器に②を並べ、強火で15分ほど蒸す。

根菜蒸しの アンチョビソース添え

アンチョビの塩けとにんにくの香りが
後ひくおいしさです。
ワインと一緒にいただいておつまみがわりにも。
根菜は歯ごたえを楽しめるように
少し硬めに蒸すのがおすすめ。

■ 作り方（2人分）

1 れんこん・さつまいも各3cm、かぼちゃ60g、ごぼう10cmは一口大に切る。
2 蒸気の上がった蒸し器に①を並べ、ふたをして中火で10分ほど蒸す。
3 ソースを作る。にんにく1片とアンチョビ3枚はみじん切りにする。フライパンにオリーブオイル大さじ5を弱火で熱し、にんにくをきつね色に炒める。アンチョビ、生クリーム大さじ3を加えて火を止め、塩・こしょう各少々で味を調える。

With an electric pressure cooker

電気圧力鍋を使って

電気圧力鍋の魅力は
圧力鍋の凝縮したおいしさを、手軽に味わえるところ。
鍋に材料を入れてふたを閉め
圧力を選択して時間を設定するだけ。
スタートボタンを押せば、後は勝手に加熱してくれます。

使っているのは、パナソニックの「マイコン電気圧力なべ」です。スイッチを入れたら、あとはほったらかしでＯＫ。火力調整の必要はありません。

ビーンズカレー

しょうががきいた
スパイシーなカレーです。
水を加えず野菜の水分だけで
煮込むので、うまみが豆に
しっかり染み込みます。
冷蔵庫の残り野菜でも
おいしく作れますよ。

作り方（４人分）

１にんにく１片、しょうが１かけ、玉ねぎ１個、セロリ１本、にんじん½本、生しいたけ２個はみじん切りにする。
２電気圧力鍋に①、ひき肉200ｇ、金時豆の水煮缶・ガルバンゾ豆の水煮缶各120ｇ、無塩野菜ミックスジュース小２缶、カレー粉大さじ４、固形スープの素２個、ローリエの葉２枚を入れ、『低圧』で15分煮る。
３圧力表示ピンが下がったらふたを開け、合わせ調味料（ウスターソース・トマトケチャップ各大さじ2、砂糖小さじ1、塩・こしょう各少々）と牛乳½カップを入れ、『煮込み　弱10分』で軽く煮る。

もつ煮込

鍋任せにできるので、見た目よりずっと簡単。
仕事で忙しくなるときは多めに作ってストック。
白いごはんとお味噌汁を添えれば、
それだけで立派な夕食に。

■ 作り方（4人分）

1 鍋に一口大に切った牛すじ肉500gを入れ、水からゆで、沸騰したらざるに上げる。
2 鶏もつ500gは水で洗い、熱湯でひとゆでさせてざるに上げる。流水で洗い、水けをきる。
3 こんにゃく1枚はスプーンで一口大に切り、塩でもんで水洗いし、熱湯でさっとゆでて、ざるに上げる。
4 電気圧力鍋に①、②、③、水6カップ、しょうがの薄切り1かけ分、ねぎの青い部分10cm、一口大に切った大根½本とにんじん1本、酒½カップ、みそ100g、しょうゆ大さじ1を入れ『高圧』で20分煮る。
5 器に盛り、万能ねぎの小口切り適量を散らし、赤唐辛子の輪切り適量をふる。

ごぼうの梅煮

電気圧力鍋を使えば、厚めに切ったごぼうも
煮崩れせずにやわらかく仕上がります。
お酢の代わりに梅干しを加えると、優しい酸味に。
お弁当のおかずにもよく合います。

■ 作り方（2人分）

1 ごぼう½本は皮をよく洗い5cm長さに切る。
2 電気圧力鍋に①と梅干し1個、合わせ調味料（昆布だし1カップ、しょうゆ小さじ1、梅肉大さじ1）を入れ、『高圧』で20分煮る。

With an oven

オーブンを使って

簡単に作れるのに見栄えのする一品に
仕上がるオーブン料理。
ふだんのおかず作り＆おもてなしに、大活躍します。
オーブンレンジで作れるので
ぜひお試しを！

パエリア

簡単なのに豪華に仕上がるので、
おもてなしでよく作ります。
パエリア鍋があるだけで
本格度がアップするみたい。
器に力を借りれば
よりおいしそうに見えます。

作り方（4人分）

1 鶏もも肉600ｇは塩小さじ１をまぶし、熱湯６カップでひとゆでする。ざるに上げて一口大に切る。ゆで汁はとっておく。

2 パエリア鍋にオリーブオイル大さじ１を熱し、にんにくのみじん切り１片分を弱火で炒める。①の鶏肉、輪切りにしたいか１ぱい、１cm角に切ったハム80ｇ、グリーンピース30ｇを中火で軽く炒める。

3 皮をむいてつぶしたトマト２個、①のゆで汁３カップを加え、沸騰したらサフラン・塩各小さじ１を加えて混ぜ、こしょう少々をふる。

4 強火にして米３カップをふり入れ、沸騰したら弱火で10分煮る。砂抜きしたあさり500g、背わたを取ったブラックタイガー５尾、１cm厚さに切った赤パプリカ１個をのせ、200度に余熱したオーブンで25分焼く。仕上げにイタリアンパセリ適量を散らす。

田舎風オムレツ

ふんわりとしたオムレツはオーブン料理ならでは。
うまみ食材のソーセージやセロリ、
玉ねぎがたっぷり入っているので、
何もつけなくてもおいしくいただけます。

作り方（4人分）

1 ズッキーニ・セロリ各½本、にんじん・玉ねぎ各¼個、ソーセージ4本は1cm角に切る。
2 フライパンにオリーブオイル大さじ1を熱し、①を中火で炒める。軽く塩・こしょう各少々をし、そのまま冷ます。
3 ボウルに溶き卵5個分、牛乳¼カップ、パルミジャーノ・レジャーノ30gを入れてよく混ぜ、②を加えて混ぜる。
4 オーブン皿にオリーブオイル適量を塗り、パン粉適量をふって③を入れ、200度に余熱したオーブンで25分焼く。

鶏もも肉のオーブン焼き

忙しいときによ～く作るのがこれ。
天板にオーブンペーパーを敷いて
その上で焼いても同様に作れます。
鶏肉を食卓で切り分けると、
ちょっと特別な感じがして楽しいですよ！

作り方（4人分）

1 ポリ袋に鶏もも肉1枚を入れ、塩・こしょう各少々をし、よくもんでおく。じゃがいも1個、にんじん5cmは食べやすい大きさに切る。ペコロス5個は皮をむく。
2 オーブン皿に①を並べ、タイム適量をのせて200度に余熱したオーブンで25分焼く。

パセリ

With vegetables of kitchen garden

家庭菜園の野菜を使って

ベランダや屋上のコンテナガーデンで
野菜やハーブを作っています。家族で食べる分だけの
小さな“畑”ですが、穫れたての
野菜の味はなんとも甘く、元気が出ます。

たこの パセリソースがけ

パセリは収穫期間が長く、
作りやすいうえにビタミンCも豊富。
収穫したてのパセリは
香りも最高です。
パセリソースはお刺身用の
淡白な魚介によく合います。

作り方（2人分）

1 パセリ25g、きゅうりのピクルス・水にさらした玉ねぎ各50g、塩抜きをしたケッパー40g、アンチョビ2枚、にんにく½片、レモン汁½個分、白ワインビネガー大さじ2、エキストラバージンオリーブオイル½カップ、塩・こしょう各少々をフードプロセッサーにかけてペースト状にする。

2 ①に、削ぎ切りにした刺身用のたこ200gを一晩漬け込む。

グリーンピース

ミニトマト

バジルピザ

バジルはどんどん大きくなるので、
本当に育てやすいですね。
新鮮なバジルを使ったピザは
我が家の定番。
生地もホームベーカリーで
こねると簡単です。

作り方（4人分）

1 強力粉150g、薄力粉100g、塩・砂糖各小さじ1、ぬるま湯¾カップ、オリーブオイル大さじ2、ドライイースト5gをホームベーカリーにセットし、ピザコースで生地をこねる。

2 生地ができたら3等分し、それぞれ麺棒で丸く伸ばす。

3 オーブンの天板に②をのせ、市販のトマトソース適量を生地全体に塗る。その上にスライスしたモッツァレラチーズ100gをのせ、一口大に切ったハム2枚、バジルの葉適量を散らす。250度に予熱したオーブンで15分焼く。

家族みんなで作る料理　With a family.

子どもたちには食育のチャンス。
土日は私だって家事を休みたい！　というわけで、
我が家では、ワイワイガヤガヤ賑やかに
家族みんなで作る料理のレパートリーが豊富です。

夫の出番だ！　にぎり寿司

家でにぎり寿司は意外かもしれませんが、趣味人の夫は、釣りをはじめとするアウトドアが大好き。そこで、釣りに行くという日は、朝からにぎり寿司をリクエストしておきます。夫が帰ってきたらお寿司屋さんの開店。今日の魚はいさき。目の前でにぎってもらえるので、子どもたちは大喜び、私はラクチンです。

バイキング形式で。オープンサンド

お天気がいい日はベランダにテーブルを出して、オープンサンドをすることも。夫が焼いたライ麦パンをスライスして、それにハムや鶏もも肉のオーブン焼き（P.93）、野菜など好きな具材をサンドしてパクリ。バイキング形式は子どもたちも大好きなスタイルです。

子どもにおまかせ♡
たこ焼き

市販のたこ焼きの粉に天かす、みじん切りにした紅しょうがとキャベツを適量混ぜるのが私流。大きく切ったたこを用意したら、あとは子どもたちの出番。器用にクルクルッと回転させて、まん丸のたこ焼きを焼いてくれます。できたて熱々はまた格別な味わいです。

お菓子 Sweets

生地を混ぜてオーブンに入れたら、あとはほったらかし。
そんな風に簡単にできるレシピを集めています。
いいなと思ったらまず実践。めんどうくさがりな私でも
立派に仕上がるレシピは、貴重な宝物です。

バナナのシフォンケーキ

難しいプロセスはありません。
ただただ材料を混ぜて
オーブンに入れればＯＫ。
ふんわりとしたシフォンケーキは
甘さもしっとり感も絶妙。
おもてなしにもよく作ります。

作り方
（17cmのシフォン型１台分）

１卵白４個分と砂糖45gでメレンゲを作る。
２ボウルに卵黄４個分と砂糖20ｇを入れ泡立て器で混ぜる。そこへ菜種油大さじ２、ピューレ状にしたバナナ150ｇ、豆乳大さじ１を順に入れ、その都度よく混ぜる。薄力粉80ｇをふるいながら入れてよく混ぜる。
３②に①を、おたま１杯分すくい入れてしっかり混ぜる。
４今度は③を①に全部入れ、なめらかになるまで混ぜる。
５型に流し、170度に予熱したオーブンで35分焼く。

クランブルスコーン

型から少々はみ出ても、クランブルが溶けても
そこはご愛敬。さっくりとした食感で、
ちょっと甘め。家事の合間に濃い目の
コーヒーと合わせていただくと元気が出ます。

■ 作り方
（直径5.5cm×深さ3.5cmのマフィン型10個分）

1 クランブルを作る。薄力粉・アーモンドパウダー・グラニュー糖・有塩バター各20gをフードプロセッサーにかけて混ぜる。
2 薄力粉180g、ベーキングパウダー小さじ2、塩少々は一緒にふるっておく。
3 室温に戻した無塩バター75gをボウルに入れ、泡立て器でほぐす。グラニュー糖100gを⅓量ずつ加えて混ぜ、白っぽくなるまで混ぜる。
4 溶き卵1個分を⅓量ずつ加え、よく混ぜる。
5 ②の粉の⅓量を加えてゴムべらでよく混ぜ、牛乳40mlを加えて混ぜる。再び②の⅓量を加えてよく混ぜ、 さらに牛乳40mlを加えて混ぜる。残りの②を加えてよく混ぜ、冷凍ブルーベリー120gを加え、さっくりと混ぜる。
6 ⑤をマフィンカップを敷いた型に入れ、①を手でひとつかみし、各生地の上にのせる。180度に予熱したオーブンで20分焼く。

じゃがいももち

素朴な味わいが、なんともたまりません。
じゃがいもと片栗粉さえあればできるので、手軽に作れます。
多めにできたら、すいとん代わりに
おみそ汁に入れてもおいしいですよ！

■ 作り方（4人分）

1 じゃがいも400gは皮をむき一口大に切る。鍋にたっぷりの水とともに入れ、やわらかくなるまでゆでて、ざるに上げる。ボウルに移し、熱いうちにつぶす。
2 塩少々と片栗粉100gを入れて混ぜ、手でよくこねる。好みの大きさに丸く成形する。
3 フライパンにサラダ油大さじ1を熱し、中火で両面をきつね色に焼く。
4 器に盛り、砂糖じょうゆ適量をかけていただく。

台所仕事をもっと楽しくするには

家電の助っ人に頼る

毎日の家事は、家電の助っ人たちに、大いに助けてもらっています。
やはり、キッチンの家事は「時間との勝負」という面があるので、私がつきっきりじゃないとできないことは、極力減らしたいのが本音です。
例えば、我が家の助っ人家電は、オーブンや電気圧力鍋、食器洗い乾燥機など。これらは、スイッチを入れれば、あとはほったらかしてOK。稼働中は他にしたいことを気兼ねなくできます。
特に、食器洗い乾燥機は、採用して大正解だった家電。これを使う前は、後片づけのことを考えて、油ものの調理をためらうことも。でも、今はそんなことは気にせず、作りたいものを作れます。
主婦はスーパーウーマンではないのだから、家電の力を借りてもバチは当たらないはず(笑)。負担が減り、心に余裕が生まれれば、家事にも前向きになれます。

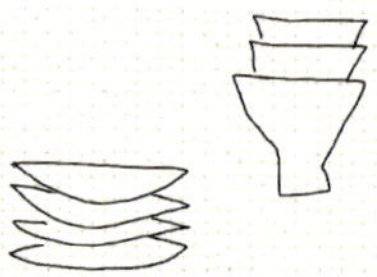

献立は栄養素で考える

新婚時代は、本や雑誌で食べたいものを決めてから、材料をリストアップしてスーパーへ。
ところが、品切れだったり、売ってなかったりする食材が、必ず1つや2つはあるんですね〜。
若かりし頃の私は、スーパーの真ん中で、しょっちゅう「作れない〜！」と立ち往生してばかり。結局、野菜炒めにして、ごまかしたことが多々あります。
この時の反省から、献立は「作りたい料理」ではなく、「摂りたい栄養素」から考えるようになりました。
ポイントは、食事のメインとなる、肉や魚といった動物性のたんぱく質。これらを常備しておき、肉か魚を選んで、あとは味付けを決めるだけ。仕上げに冷蔵庫の野菜を添えれば、できあがりです。
細かいことより、大きな枠組みを先に決めてしまえば、ラクというわけです。

味付けに失敗したら

料理の幅を広げたいので、味付けはいろいろとチャレンジしています。でも中には子どもたちから「お母さん、食べられない〜」と不評を買うものも。

そんなときは、「そう？　じゃ、しょうゆをつけてみたら？」と私。

「やっぱり食べられない〜」と答えが返ってきたら、「ケチャップはどう？」とさらに促す私。

こんな風に、子どもたちの苦手な味付けになってしまったときは、調味料で好みの味にできないかトライします。

それを友人に話すと「おいしくないって言われて平気なの？」と言われますが、味付けの失敗は、しょっちゅうあることなので、まったく気になりません（笑）。むしろ次においしく作る方が大事。まさに、失敗は成功の元なのです。

買う方がおいしいもの

やはりプロが作る方が断然おいしいものってあります。

近所の焼き鳥屋さんの焼き鳥は子どもたちの大好物。「今日は焼き鳥だよ」というと、「わーい」と言ってすごく喜びます。

ふだんの食事よりも、よく食べるんじゃないかしら。あんまり喜ぶものだから、私も作ってみようと思って、チャレンジしたのだけれど、やっぱりプロにはかなわない。

だから、焼き鳥は、もう買うものと決めています。たまに買うお惣菜は特別な感じがするし、ご褒美にももってこい。

私もラクができるのでちょっとうれしい面も。家族の大好物は、知っておくに限ります。

ピッチャーと保温ポットで小休止

お茶を丁寧に入れるのも心安らぐひとときですが、忙しいときはピッチャーと保温ポットが活躍します。

夏はミントの葉を入れた氷を作っておき、水で割るタイプの柑橘系ドリンクを作っておきます。

のどが渇いたときに、ミントの氷を入れたグラスでそれを飲むと、なんともさわやか。「よし、また家事を頑張るぞ」とリフレッシュできます。

冬は、保温ポットにルイボスティーを作ります。ルイボスティーは、肌にいいと評判の、褐色でノンカフェインのお茶。

保温ポットなら、お湯をいちいち沸かす手間が省け、いつでもアツアツのお茶が飲めるので便利。光熱費の節約にもなります。

Part.5

いつもの食卓が レストランに早変わりする テーブルコーディネート

レストランを予約するほどではないけれど、ふだんより少し改まった食卓を演出したい日ってありますよね。

我が家では、お祝いの食事は家でします。子どもたちの誕生日はリクエストを聞いて、夫が寿司をにぎったり、私が肉を焼いたり。

ちょっとした記念日には、ワインをあけて、テーブルフラワーを飾って楽しみます。

いつもの器といつものテーブルクロスを使ったさりげないテーブルコーディネートですが、使う色を2色に、多くても3色に抑えると、食卓の世界感が出やすくなり、料理も器の上でパッと引き立ちます。

また、仲のいい友人がたくさん家に集まるときは、一人ずつのテーブルコーディネートは難しいので、季節に合わせた箸置きやテーブルナプキンでおもてなしをします。

ちょっとだけ特別な気分になれて、でも気兼ねせずに使えるとあって、好評です。

白と緑 White&Green

初夏のウエディングのようなさわやかな食卓に

白い器と白いテーブルクロス。あとはグリーンを少し添えるだけ。初夏のウエディングを思わせるさわやかな食卓は、こんなシンプルな組み合わせで作ることができます。グリーンの使い道はいろいろ。ツルの長いものはナプキンリングの代わりに巻いたり、ワインクーラーにくるりと添えたり。フィンガーボウルには色が付く前の緑色のあじさいを挿しても素敵です。葉は白いペイントマーカーで名前を書いてネームカードに。グリーンはあくまでもアクセント。多く盛らず、さりげなく添えるように使うのがコツです。

赤と白 Red&White

晴れやかなお祝い事のテーブルに

白いお皿の下に敷いているのは紙ナプキンです。立派なテーブルリネンがなくても、赤い紙ナプキンが1枚あれば、お祝い事にぴったりの晴れやかなテーブルを演出できます。テーブルフラワーの白いバラは、小さなガラス瓶に挿して、お皿の上に。レースペーパーを挟んでいるので、お皿を汚す心配はありません。キャンドルは存在感のある太い物を選んで赤いひもを巻き、お祝いの装いに。カトラリーはレースペーパーを巻いて、一緒にドレスアップを。紙ナプキン以外の赤色を控えめにすれば、Too muchな印象になりません。

黒と赤 Black& red

ぐっと大人っぽく。お酒を楽しむシーンにも

ゲストを招いてのディナータイム。ふだん使いのままダイニングテーブルに案内するのはちょっとあじけない。そんなときは、黒をメインにぐっと大人っぽいコーディネートを楽しみましょう。黒の世界に差し色として赤を組み合わせるだけで、ハッとするようなモダンなテーブルコーディネートに。黒は料理を引き立てるだけでなく、高級感もプラスしてくれる便利な色。何でもないお料理やワインも特別に感じてもらえるかもしれませんよ。アンティークの瓶に挿したキャンドルを灯せば、ちょっと深い話もできそうです。

透明と緑 Transparency&green

結婚記念日や誕生日はちょっと甘めな演出を

透明のお皿と花柄のテーブルクロス。差し色にグリーンを組み合わせれば、結婚記念日や誕生日などの、ちょっとしたお祝い事に向く、ロマンチックなテーブルに。グリーンのあしらい方はまだまだあります。ここではツルの長いグリーンをグラスの柄に巻き、葉には白いインクで英語のスタンプを押しています。カトラリーはたたんだクロスの間に入れて、お皿の上に。物がシンメトリーになっていればいいので、同じ色のクロスがない場合は別の色でもOK。お皿の透明性をいかして、さりげなくバラの刺繍を見せましょう。

春

With a chopsticks putting

箸置き

時間的にも、スペース的にも
テーブルコーディネートをする余裕がないときは
箸置きを手作りするだけでも、
立派なおもてなしに。堅苦しく考えず、
季節を感じたままに添えるのがコツです。

夏

秋

冬

春

広げると花の形になるレースペーパーを巻いただけ。白い世界に白を加えて、春のやわらかな日差しをイメージしました。レースペーパーにメッセージを添えることもあります。

夏

淡いブルーの石をちょこんと置いて。入道雲が沸き立ち、蝉がミンミン鳴くような夏の青空を連想してくれたらうれしいな。夏はこの他に海で拾った貝殻などをよく使います。

秋

帽子つきのどんぐりと紙テープで秋の風景を表現。茶色と紫色の紙テープは枯れ葉のつもりです。丸いものを箸置きに選ぶときは、お箸を結ぶと安定感がよくなります。

冬

まるでお箸がマフラーをしているみたい。市販の白い陶器の箸置きに、ふんわりと細いモヘアの毛糸をプラス。たくさん巻かず、さりげなく巻くのがポイントです。

テーブルナプキン With a table napkin

洋食はテーブルナプキンで
季節を表現。ナプキンリングをほどくときに
ちょっとワクワクしてほしいから
植物や毛糸など、遊び心のあるものを
使うようにしています。

秋

春

桜色のテーブルナプキンは、それだけで春を感じさせる色。新芽を思わせるグリーンを巻けば、よりいっそう春らしい雰囲気に。何かの事始にもよく使う組み合わせです。

夏

清涼感のあるストライプは暑い夏に合う柄。落ち着いた色合いなので、派手な印象がなく、さわやかに使えます。リネンで作った細いひもを巻いて、小さな夏菊をあしらいました。

秋

レースを施したリネンのテーブルナプキンに、リスのスタンプを押した枯葉を添えて。淡いグリーンの糸でちょうちょう結びをすれば、女性らしい華奢な感じにまとまります。

冬

グレーのテーブルナプキンに綿のような毛糸を巻いて。シナモンスティックはホットドリンクによく添えるので、寒い日も暖かさを感じさせるアイテムとしてポイントにしました。

春

夏

冬

小さなお客さまの
おもてなし

我が家には小さなお子さんを連れた
ママ友がよく遊びに来ます。大人だけでなく
小さなお客さまにも楽しい時間を過ごしてほしいので
ママ友が気兼ねせず、かつ自分もラクに
なれるような工夫を少しだけしています。

お手拭きは同じ色だと、どれが誰のかわからなくなるので、色違いのミニタオルを用意。こうすると自分のお手拭きが一目瞭然。使い終わったら洗濯機で洗うだけなのでラクです。

割れると危ないのでコップはプラスチック製。でも、少しあじけないので、両面テープでリボンをつけてかわいく。小さめのコップはお菓子を入れると、少量でも見栄えがします。

我が家の名物、お絵かきコーナーです。無印良品のロール紙を壁に貼っただけですが、いつもより大きな紙に描けるとあって、子どもたちに大好評。先を競って描いています。

子どものごはんは手づかみが一番！

おにぎりは小さくにぎってラップで包み、味がひと目でわかるように。おかずはピックに刺して食べやすく。手づかみＯＫにすれば、洗いものも少なくて済みます。

お菓子は小さな袋に入れて、ラッピングして渡しても。食べ切れないときも、おみやげにできて便利です。「何が入ってた？」と子ども同士が見せ合う姿もかわいいものです。

Part.6

居心地のよい インテリアコーディネートのコツ

部屋を素敵にしたいけれど、どうも上手くいかない……ってことありますよね。

そんなときは、雑誌や本などから好きな写真や記事を切り抜いて、ひたすらノートに貼っていくといいですよ。

何度も見返しているうちに、自分が今どんな家にあこがれていて、どんな部屋で過ごしたいのかが具体的にわかってきます。

いきなり部屋の全てを模様替えすると失敗する可能性大。どこか一か所だけを、自分の好きなもので飾ることからスタートを。

そのコーナーをじっと見つめて、気持ちが安らいだり、もっと眺めていたいと感じれば大丈夫。そこを起点に、徐々に自分の好きな世界を広げていきましょう。

この他に私が参考にしているのはインテリアショップや雑貨屋さん。物が多いのに、なぜか居心地のよいお店には、物を飾る上でのヒントがいっぱい。

趣向を凝らしたディスプレイは、ずっと見ていても見飽きることがありません。

部屋をスッキリ見せるコツ

部屋が広くて、物が少なければ、スッキリした印象になるもの。
そこで、『部屋を広く錯覚させて、物を少なく感じさせる』
３つの工夫をご紹介します。このテクニックを使えば、
多少部屋が散らかっていても大丈夫。
気兼ねせずに、お客さまをご招待できますよ。

低い家具で統一する

リビングのソファやサイドテーブルは圧迫感が出ないように、できるだけ背の低いものを選んでいます。さらに、床の面積が多く見えるほど部屋にゆとりがあるように感じるので、床板が奥までスーッと見通せるように、リビングには物を出しっぱなしにしないようにしています。

ちょこっとメモ

物を少なく見せるには……。

我が家は決して物が少ないほうではありません。ただ、棚や納戸など決めた場所以外に物を置かないようにしています（その中はごちゃついていることが多々あります）。見える場所に物が散乱していないだけでも、スッキリとした印象を保てます。

部屋を明るくする

薄暗い部屋はどうしても狭く感じるもの。ベランダから外光をたくさん取り入れて、部屋を明るくキープすると広がりが出ます。さらに、天井が低いと圧迫感が出るので、天井は梁をみせて高さを出しています。どうしても窓に視線が集中するので、物はできるだけ窓から離れた場所に置いています。

ちょこっとメモ

まだまだあります。部屋を広く見せる工夫

「お部屋改造」のお仕事では、下記の方法も使っています。

■テレビやソファなどにカバーをかけ、壁の色と同化させる。

■壁に鏡を貼り、鏡に映った空間で、奥行きを出す。

■部屋の奥に間接照明を置き、視線を集めて、奥行きを出す。

■背の高い観葉植物を置き、視線を集めて、天井を高く見せる。

■カーテンや壁紙の柄を縦縞にし、縦のラインを強調して、天井を高く見せる。

白を基調に色を統一する

我が家のテーマカラーは白です。明度が高いほど部屋は広く感じるので、壁をはじめ、ドアや戸棚の色は全て白に統一しています。ソファなどの家具もできるだけ白を選び、ロフトにかけるはしごや天井近くの照明も白いものをセレクト。白い壁に同化させることで、部屋に広がりをもたせています。

A余白を大切にする

棚を使う場合は、「余白もディスプレイする」という意気込みで、収納スペース全てに物を詰め込まないことです。物を置く場合も“少しだけ”を理想に。

B遊び心を加える

P.17に出てきた箱です。箱の隣に花や人形が飾られていたこと、お気づきでしたか？　遊び心を加えると、ずっと眺めていたくなる楽しい空間に仕上がります。

B

A

ディスプレイ収納のコツ

「見せる収納」をするときは、それを見て心地よかったり
安らいだり、楽しくなったりということが、とても大切。
引き算の美学とでもいうのでしょうか。
いかにスッキリしているように感じさせるかも
腕の見せどころです。

C色を揃える

白い器だけを重ねて見せる収納に。色を揃えると物が少しくらい多くても気持ちよく感じます。器の形がちょっぴり違っても、色が揃っていればスッキリ見えます。

Dたたみ方を揃える

ショップは衣類がたくさんあるのに、たたみ方が揃っているので片づいた印象ですよね。同じように収納すれば、服の大きさが違っても、見た目がきちんとして心地よく感じます。

E形を揃える

粉や乾物類はお揃いのキャニスターに。写真はボルミオリロッコ社製のもの。中身の色や形が違っていても、外見が統一されているので、インテリアショップのように収まりがよくなります。

B

少ない花でも おしゃれに飾るコツ

テーブルや棚にちょこんと飾れる小さな花飾りが、我が家にはたくさんあります。花がたくさんなくても、見栄えのする花がなくても大丈夫。少しの花でも、かわいくおしゃれに飾るコツをお伝えします。

C

A

Aグラスに葉を巻く

レモンリーフでグラスを包み、視覚的に緑色の量をアップ。だからローゼンセマムやブプレニュームが少なくても、ボリュームがあるように見えます。レモンリーフはタグをつけた赤いひもで結わいています。

Bグラスにツルを巻く

グリーンピースのような丸い葉が、なんともかわいらしいグリーンネックレス。それを口の細い瓶にくるりと巻いてドレスアップ。やわらかく可憐なコテチャの花が、数本でも印象的に見えます。

C水苔の土台にいける

お花屋さんでよく目にする動物の形をしたトピアリー。それを作るときに使うのが水苔。ブリキのカップにぎゅっと詰めて土台にすれば、数本しかない切花の白いバラでも、植木のような雰囲気に。

D大きな葉と一緒にいける

ユリの華やかな美しさが引き立つようにギボウシの葉を一緒に。ギボウシは庭に植えて葉の緑のグラデーションを楽しむ植物。でも、こんな風に大振りの葉１枚をしっとり眺めるのもいいものです。

E小さな一輪挿しを並べる

瓶にマトリカリアグリーンポコを少しずついけて。ひとつだけだとさみしい一輪挿しも並べて飾ると、まるで花同士が話をしているよう。ボリュームと動きが出て、愛らしさも際立ちます。

Fグリーンと一緒にいける

アイビーやブプレニュームなどのグリーンと一緒にいければ、小さな花束のように。フラワーベースの中にフラワーアレンジ用の吸水性スポンジを入れているので、白と紫のトルコ桔梗をバランスよくアレンジできます。

ファブリック使いのコツ

いろんな素材や色、柄があるファブリックは
インテリアには欠かせないアイテム。
一枚の布があれば、部屋のイメージを変えたり、
見せたくないものをさりげなく隠したりすることも可能。
ここでは私のふだんの布使いをご紹介します。

Bタペストリー

部屋の雰囲気を大きく変えたいときは、大判の布が活躍。我が家の壁は木の板なので、そのときの気分にあった布を貼ったり掛けたりして、模様替えを楽しんでいます。

Aテーブルセンター

小さな子どもがいるとテーブルクロスはなかなか使えないもの。そんなときはテーブルセンターがおすすめ。真ん中に置くだけでいつものダイニングが違う表情を見せてくれます。

G

ファブリックパネルの作り方（D、E）

1ダンボールにスティックのりを均一に塗り、布を貼る。
2裏返して布の端を、ホチキスで留める。ホチキスは開いた状態にし、ダンボールに打ち付けるようにして留める。

D

E

F

Dファブリックパネル1

ベッドサイドにはお気に入りの布をファブリックパネルにして飾っています。ナチュラルな風合いの布にリボンやレースモチーフをあしらい、大人かわいい仕上がりに。

Eファブリックパネル2

花柄とドット柄の布を何枚か重ね合わせて縫い、1枚の布にしてダンボールに貼っただけ。バラの模様が印象的。中身は軽いダンボールなので、ピンひとつでラクに留められます。

Fかごや家具にかける

カバーには生成り色が無難ですが、それぱかりだとあじけないので、小花柄を少し使っています。明るく柔らかな雰囲気はそのままに、ちょっとしたアクセントとして優秀です。

G額に飾る

都会的でさりげないナチュラル感を出したくて、織り感のあるリネンを使用。少しずつアレンジをきかせたレースモチーフが、トーンを落としたリネンによく映えます。

アロマ使いのコツ

香りもインテリアの大切な要素のひとつです。
はっきりとした香水の香りよりも
アロマオイルのほのかな香りに
心地よさを感じます。
身の回りの物にも少しだけ香りを移すと、
気分よく過ごせます。

Aスリッパの端に

スリッパの裏や内側など、肌が触れない場所に、ラベンダーのアロマオイルを1滴たらします。歩くたびにさりげなく香るので、家事をがんばりたいときによく使います。

Bおしぼりに

ボウルに水をはり、ローズマリーなどのアロマオイルを1滴たらしてかき混ぜ、ハンドタオルを浸して絞ります。あとは冷蔵庫で冷やすだけ。暑い日のおもてなしにぴったり。

Eハンカチやティッシュカバーに

グレープフルーツなど柑橘系の香りも好きなので、ハンカチやティッシュカバーの端に1滴たらして持ち歩きます。ラベンダーのアロマオイルは枕カバーの端に。よく眠れます。

Fマスクに

マスクの肌に直接触れない方の端に、ミントのアロマオイルを1滴だけたらします。呼吸をするたびにさわやかな香りがして、鼻の通りも、幾分よくなるような気がします。

C

D

E

Cサシェに

コットンにラベンダーのアロマオイルを数滴たらし、好きな布で包んで縫い、サシェを手作り。クローゼットの引き出しに入れたり、靴箱に置いたりしています。

D重曹に

空き瓶に重層を入れ、ティーツリーやユーカリのアロマオイルを数滴たらし、冷蔵庫に置いています。イヤな臭いが吸収され、庫内がいい香りに。臭いがしなくなったら、洗面台の掃除に使います。
※ふたはせずに瓶の口をあけたまま置きます。

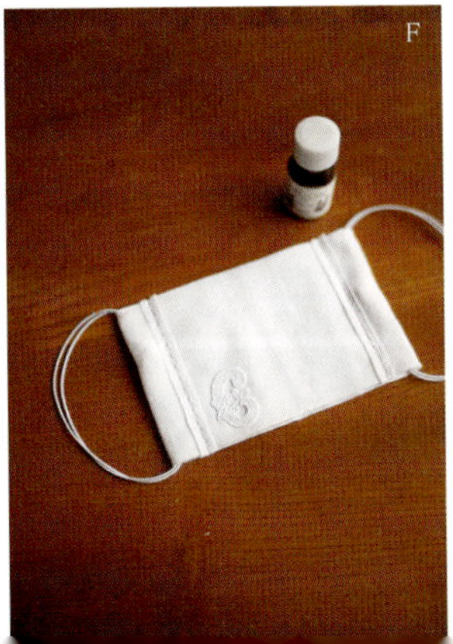
F

心地よさを求めた私の家づくり

スタイリストですから、都内で暮らす方が
仕事はしやすいに決まっています。
でも、千葉に家を建ててから
仕事と家事のバランスを上手にとれるようになりました。
ここでは、ゆる家事を後押ししてくれる
この家が建つまでのお話をしたいと思います。

青山から千葉へ

独身時代は青山のマンションに暮らしていました。夜遅くまでお店は開いているし、洗練されたものもたくさん。

でも、結婚して子どもが生まれ、子どもを保育園に預けることを考えたとき、私は仕事柄もあり、お迎えの時間に間に合わない日があることに気がつきました。

どうするか夫婦で話し合い、子どものお迎えは夫と協力してすることに。それならと、夫は千葉の高校で美術の教師をしているので、夫の職場に近い千葉に引っ越すことに決めました。

家を建てるつもりはなかった!?

千葉で最初に住んだのは、マンションでした。駅から近く、通勤にも便利だったので、長く暮らすものとばかり思っていました。

ところが、ある日、新聞の折り込み広告で、ローンの支払月額が、当時の家賃と変わらない新築物件を発見。家族が増えて手狭になっていたこともあり、「じゃあ、家を買おう!」ということに。マンションも含めた物件探しが始まったのです。

難航した物件探し

そうと決まれば終の棲家です。生涯で一番高い買い物ですから、希望はたくさんあります。

でも、既に建っている家で、私たちの希望の全てを満たす物件があるはずもなく、物件探しは難航。そんな時に出会ったのが、この家を設計してくれた家工房さんでした。

雑誌で素敵な家が紹介されていて、建築事務所の住所を見たら、当時住んでいたマンションから車で30分ほど。「近くなら打ち合わせもしやすいし、ぜひ、ここにお願いしよう」ということに。

当初、予想だにしていなかった『注文住宅を建てる』という驚きの展開になったのでした。

要望は写真つきのレポートで提出

　自分たちの要望を家工房さんにわかってもらうために、最初に作ったのが顔写真&プロフィールつきのレポートです。レポート用紙10枚ほどに、夫、私、子どもたち、それぞれの要望を詳細に綴りました。

　私が伝えたのは「とにかく掃除がラクで、風通しがよくて、アトリエスペースがほしい」ということ。それを受けて家工房さんがラフスケッチと構図を数案用意し、その中で一番気に入った今の家のデザインを選びました。

ゆる家事を後押ししてくれた家

　我が家がどんな家になったのかは、この本でご紹介している通りです。確かに千葉に引っ越して仕事場は遠くなり、時間の制約も増えました。スタイリストとしてはデメリットの方が多いかもしれません。

　でも、そのおかげで、仕事と家事のメリハリが上手につけられるようになり、集中力がついたのも事実。

　家事と育児と仕事で、てんてこ舞だった私が、ゆる家事アイデアを出してこられたのも、この家のおかげ。

　今私が病気ひとつせず、すごく元気なのも、緑が多く風が気持ちいいこの家で、日々リフレッシュしているからでしょう。

「私だけの空間」がくれた幸せ

マンション時代も作業部屋はありました。でも、キッチンやリビングから離れた場所にあったので、小さな子どもをひとりにしておくわけにもいかず、ダイニングテーブルで仕事をしていたのでした。当然テーブルの上は、資料や材料であふれんばかり。それを食事ごとに、いちいち片づけるのですから、たまりません。

　そこで、家を建てるなら、絶対作りたいと思っていたのが、家事と育児と仕事が同時にできるアトリエスペース！

　私が座るこの場所は、ベランダやキッチンと隣り合い、窓越しにリビングの様子もわかる最高の条件。洗濯機を回しながら針を動かしたり、子どもの様子を見ながら書類を書いたりすることが、ラクにできます。

　しかも、作業中の仕事は出しっぱなしにしてＯＫ！　小さなスペースですが、作業台の上には収納もたっぷり。飛行機のコックピットのように、必要なものに、すぐ手が届くのも自慢です。

　家事をしながら、針仕事をしている時間がたまらなく幸せ。これからもこの場所から、いろいろな物を作っていきたいと思います。

Staff

アートディレクション・デザイン・イラスト ＊ 東條加代子
撮影 ＊ 金子吉輝
企画・構成・取材 ＊ 満留礼子（羊カンパニー）
企画・編集 ＊ 成美堂出版編集部　端香里

※本書に掲載されている商品はすべて私物です。
現在入手できないものもありますが、ご了承ください。

めんどうくさがりやのあなたが気持ちよく暮らす ゆる家事のコツ

著　者　大《おお》沢《さわ》早《さ》苗《なえ》
発行者　風早健史
発行所　成美堂出版
〒162-8445　東京都新宿区新小川町1-7
電話(03)5206-8151　FAX(03)5206-8159
印　刷　凸版印刷株式会社

ISBN978-4-415-30863-0
落丁·乱丁などの不良本はお取り替えします
定価はカバーに表示してあります

Sanae Osawa

大沢早苗
（おおさわさなえ）

夫と長男、長女との4人暮らし。
ナチュラルで洗練されたスタイリングで、
雑誌や書籍、広告などで幅広く活躍。
朗らかで気さくな人柄も魅力。

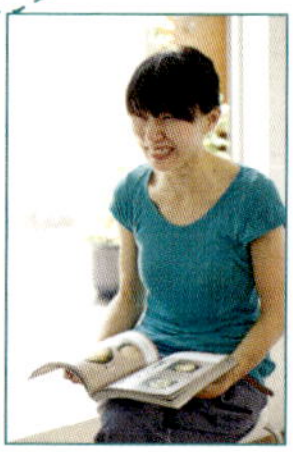